ウォーレン・バフェットに学ぶ ゆっくりと着実にお金持ちになる56のルール

桑原晃弥［著］

ネス教育出版社

はじめに

２０２４年は日本の株式市場にとって記録ずくめの年になりそうです。１９８９年末に記録した３万８９１５円という最高値を２月２２日、実に34年ぶりに更新したかと思うと、７月11日には４万２２２４円まで上昇、年末に向けてのさらなる上昇を期待する声も少なくありませんでした。

上昇する株価に背中を押されるように新ＮＩＳＡを中心に新たに株式投資を始める人も続々と増え始め、いよいよ日本にも「投資の時代」が訪れたのかという期待も膨らみ始めますが、８月５日に４４００円という日本史上最高の下落を記録、翌日もさらに下落したことで一夜にして資産が減る怖さを経験する人たちがたくさん現れました。慌てて損切りに走る人もいれば、信用買いによる追証に戸惑う人もいて、ようやく高まりつつあった投資への関心もやや腰が引けつつあるのかなというのが現状ではないでしょうか。

一方、株価は上下するものであり、投資格言にあるように「ここが天井だよ、ここが底だよ」と知らせる鐘を鳴らしてくれる人は誰もいないということがはっきり分かった人も多いのではないでしょうか。そのせいか市場関係者や専門家の中から「株式投資は長い目で。長期保有を」といった声がこのところ多く聞かれるようになりました。

こうした考え方を90年近くに渡り実践し、誰もが認める「世界一の投資家」となったのがウォーレン・バフェットです。投資の世界にはジョージ・ソロスやジム・ロジャーズなどバフェットと並んで「世界三大投資家」と呼ばれる著名投資家がたくさんいますが、投資のみで1000億ドルを超える個人資産を築き上げたのはバフェットのみです。

さらにバフェットはビル・ゲイツが運営する財団を中心にこれまで560億ドルを超える寄付を行ったほか、死後に残った財産の99％を子どもたちが運営する慈善信託に移すなど、「お金は社会からの預かりもの」という価値観を実践し続けています。こうした姿勢が評価され、「オマハの賢人」とも呼ばれるバフェットですが、バフェットに巨万の富をもたらした投資哲学は、本書で紹介したように①安全域を重視する、②能力の輪を守る、③まずまずの企業を素晴らしい価格で買うよりも、素晴らしい企業をまずまずの価格で買う、④所有期間は永遠に　――　などシンプルなものばかりです。

バフェットはこれらを師であるベジャミン・グレアムや、成長株投資で知られるフィリップ・フィッシャーから学び、そこに自らの経験を加えることで「投資原則」として確立、時流や周囲の声に流されることなく守り抜くことで大きな成功を手にしています。バフェットの成功への歩みは若くして巨万の富を手にしたＩＴ起業家たちほど派手なものではありません。バフェットが長者番付『フォーブス４００』に初めて登場したのは49歳ですから、その意味ではやや遅咲きかもしれませんが、投資を始めて以降、一度も年間を通して赤字を出したことがないところに凄さがあります。

投資の世界ではアーリーリタイアを意味する「ＦＩＲＥ」を目指す人もいますが、焦る必要はありません。バフェットが言うように「ゆっくりと確実にお金持ちになり、かつお金持ちであり続ける」ことが理想なのではないでしょうか。本書ではバフェットの投資原則や人生哲学などを紹介させていただきましたが、既に投資を始めている人はもちろん、これから投資を始めようとする方にとってもきっと参考になるものが含まれているはずです。

単にお金持ちになるだけではなく、仕事も人生も豊かになる生き方をしたい。そんなみなさまにとって役に立つものがきっとあるはずです。今という時代は大変な生きづらい時代ですが、バフェットの言葉や考え方が少しでも皆様の生きる支えとなれば幸いです。

最後になりましたが、本書の執筆と出版にはビジネス教育出版社の高山芳英氏にご尽力いただきました。感謝申し上げます。

桑原　晃弥

第一章

「使うお金は入るお金より少なく」を徹底しよう

Warren E Buffett

第1話

「莫大な遺産を遺したバフェット家の人間は
1人もいないかもしれないが、何も遺さな
かった者もいなかった」

「スノーボール」上

世界には考えられないほどのお金持ちがいるもので、現在、個人資産が1000億ドルを超える大富豪は世界に15人います。15人の資産総額は2兆2000億ドルを超えていますから、日本の国家予算をはるかに上回る資産をわずか15人が所有しているというのだから驚きです。

これらの人たちのほとんどは企業の創業者であり、ロレアルの創業者の孫フランソワーズ・ベタンクール・メイエールを除けばいずれも一代でこれほどの資産を築き上げたわけですが、そんな中で1人だけ異色の存在がウォーレン・バフェットです。バフェットはバークシャー・ハサウェイの経営者であり、資産の大半は同社の株式によるものですが、バフェットは同社を創業したわけでもありませんし、主力の保険会社や鉄道会社などを経営しているわけでもありません。

では、どうやってこれほどの富を手にしたのかというと、10代の頃に始めた株式投資だけで1330億ドルもの資産を築き上げています。世界には著名な投資家は何人もいますが、株式投資だけでこれほどの成功をした人はいません。だからこそ「世界一の投資家」とも呼ばれるわけですが、さらに驚くのはその元手も自分で稼いだという点にあります。バフェットは言います。

「莫大な遺産を遺したバフェット家の人間は1人もいないかもしれないが、何も遺さなかった者もいなかった。稼ぎを使い果たすことはなく、常に一部を貯めておいて、それでずっとうまくいっているのだ」

最近では「親ガチャ」という言い方があるように、親が裕福であるとか、親が高い地位にいることこそが成功の条件と考える人もいますが、バフェットは「両親は知的で、いい学校に行けた」ことには感謝しても、「両親から財産はもらっていないし、もらいたくもなかった」と、ことお金に関しては両親を頼ることもなければ、「もし親がお金持ちなら」などと願ったこともありません。

代わりにバフェットが親たちから受け継いだのが「使う金は入るお金よりも少なく」という倹約の精神です。これだけでも人生は案外うまくいくのです。

★バフェットのルール

「使うお金は入るより少なく」の倹約の精神を忘れずに

第2話

「私は小さな雪の玉をずいぶん若い時から固めた。10年遅く固め始めたら、今ごろ山の斜面の随分下にいただろう」

「スノーボール」下

ウォーレン・バフェットは米国のコロンビア大学大学院に入学する頃（1950年）には既に9800ドルの資産を持ち、大学院を卒業した21歳の頃にはそのお金を1万9738ドルにまで増やしています。こうしたお金がその後の投資の元手となっていくわけですが、さらに遡れば、バフェットは6歳の時、アイオワ州にあるオカボジ湖にある山荘で一家が休暇を過ごした際、コーラ缶6缶を25セントで買い、それを湖に行って1缶5セントで売ることで6缶で計5セントの利益を上げるという小さなビジネスをしています。

休暇を終え、故郷のオマハに帰ってからは祖父の雑貨屋で仕入れたソーダを一軒一軒売り歩いてもいます。生活に困っていたわけではありません。大恐慌の直後こそ父ハワードは職を失い、新しく立ち上げた証券会社の顧客開拓に苦労したものの、バフェットが6歳になる頃には家庭の経済状態は随分と好転していました。バフェットは「お金が好き」という以上に、自分の小さなビジネスによって「お金が増えていく」のを見るのが好きな少年でした。

以来、競馬場で予想紙を発行したり、ゴルフ場でロストボールを集めて売ったり、あるいは友達と組んでビジネスをしたこともあれば、子ども50人を使って新聞配達もしています。こうして早くから蓄えた資金がバフェットの「雪の玉」になりました。「私は小さな雪の玉をずいぶん若い時から固めた。10年遅く固め始めたら、今ごろ山の斜面の随分下にいただろう」は、晩年、バフェットが若い頃を振り返っての言葉であり、投資に限らずビジネスなどで勝利するためには「先頭を行く」大切さを説いています。

実はこうした早いスタートは多くの成功者に共通することです。米国史上最も莫大な富を築いたと言われるジョン・ロックフェラーは、父親から「1日も早くビジネスをやれ。人生はマネー、マネー、マネーだ」と言われ、高校を中退して入社した商社で小麦の買い占めなどで大きな利益を上げています。

「世界三大投資家」の1人ジム・ロジャーズも6歳から小さなビジネスを始めていますし、イーロン・マスクも12歳の頃には自分がつくったゲームでお金を手にしています。早くから世の中に出て働けという意味ではありませんが、たとえささやかでも早くから「お金を稼ぐ」経験をするにこしたことはありません。お金を稼ぐ大変さと面白さを早くから経験することは間違いなくその後の財産となるのです。

★バフェットのルール

資産づくりのスタートは早い方がいい。時間ほど貴重なものはない。

第3話

「自分から始めない限り成功はあり得ない。金を儲けるには自分から始めなければだめだ」

「スノーボール」上

ウォーレン・バフェットは幼い頃から小さなビジネスを始め、手にした現金は家の机の引き出しにしまい、時々、銀行に預けていました。少しずつ増えていく金額を見ては喜んでいたバフェットは10歳の時に父親に連れられて、ニューヨークの証券取引所を訪ねます。そしてそこで会員たちが自分好みにあつらえさせた葉巻を吸っているのを見て、自分も「自分のために、自分がやりたいことをできるようになりたい」と考えるようになります。そのためには「お金持ちになる」ことが必要だと目標を定めます。

しばらくしてオマハの図書館でぴったりの本を見つけます。タイトルは『1000ドル儲ける1000の方法』です。一つ一つの利益は1000ドルとしても、それを1000個すべて実行すれば、100万ドル儲かります。かつて日本にも「100万ドルの夜景」といった言い方があったように、当時、100万ドルは大金であり、お金持ちを象徴する金額でした。実際、バフェットも10歳の頃に「35歳までに100万長者になる」と宣言して周囲を驚かせています。

それにしてもバフェットはこの本の何にそれほど惹かれたのでしょうか。本の最初のページにこんなことが書いてありました。

「自分から始めない限り成功はあり得ない。金を儲けるには自分から始めなければだめだ。この国の何十万人もの人々は、大金を儲けようと思っているのに、あれやこれやいろいろなことが起きるのを待っているから儲けられない」

世の中に「お金持ちになりたい」と願わない人はほとんどいません。では、そのために何をするかというと、たとえば宝くじを買って当たるのを願うといった「一攫千金」を期待する人は多くとも、1000ドル儲ける方法を1000個試そうとする人はほとんどいません。バフェットは言います。

「来週抽選が行われる宝くじと、少しずつ金持ちになるチャンス。人は多分、前者の方に可能性を感じてしまうのでしょう」

バフェットについてよく言われるのは、宝くじを買って幸運を願うよりは、宝くじを売る方に回るだろう、と。バフェットは『1000ドル儲ける1000の方法』を読み、何もせず幸運を願うのではなく、「自分から始める」ことの大切さを知り、そしてすぐにできる実用的なビジネスを一つ一つやってみるようになります。成功する、お金持ちになるためには何より「やってみる」ことが大切だったのです。

★バフェットのルール

座して幸運を願うのではなく、できることから始めよう。

第4話　「本当に私はこの散髪に30万ドルを費やしたいだろうか」

「スノーボール」上

ウォーレン・バフェットは10歳の頃に『1000ドル儲ける1000の方法』を読み、大いに感銘を受けています。1つは「幸運を待つのではなく、自ら動き始める」ことですが、もう1つが「複利の考え方」についてです。こんな計算をします。

「仮に1000ドルから始めて、年利10%だとすると、5年で1600ドル以上になる。10年では2600ドル近くになる。25年では1万800ドルを超える」

たとえ最初は大きなお金でないとしても、複利だと歳月が経てばそれなりの大きなお金になります。仮に100万円を金利7%の半年複利で10年間運用すると約200万円、つまり元金が倍になるわけです。今の時代、預貯金でこんな金利は望むべくもありませんが、日本がバブル景気に沸いていた1980年代後半から90年代初め頃には7%の金利は現実にあり、当時は「10年預ければ倍になる」と普通に言われていました。

バフェットは「複利」を使えば、雪山で雪の玉を転がすように、お金がお金を生み、10年20年後にはとても大きなお金の塊になることを知り、「35歳までに100万長者になる」ことを現実のものとして考えるようになります。

今日の1ドルも大切にして上手に運用すれば何年か後には10ドル、20ドルになる、というのがバフェットの複利式の考え方ですが、これは「運用の価値」を教えてくれると同時に「節約の意味」も教えてくれました。

やがて成長して結婚して2人の子どもが生まれたバフェットは、生まれて初めて一軒家を購入します。既にかなりの資産を築いていましたから、決して無理な買い物ではありませんでしたが、価格の3万1500ドルは、バフェットの頭の中では100万ドルに等しい買い物でした。当然、家具なども買いそろえるだけに、バフェットはこの買い物を「バフェットの愚行」と名付けます。

その後も妻が何かを買いたいと訴えると、「そんなことで50万ドルをふいにするのはどうかな」と答えるありさまでした。さらにバフェットは妻だけでなく、自分自身の散髪にさえこう自問します。

「本当に私はこの散髪に30万ドルを費やしたいだろうか？」

「散髪に30万ドル」というのは意味が分かりませんが、たしかにバフェットにとってはわずかな散髪代さえ、10年、20年、30年と運用すれば30万ドルになるほどの大金だったのです。お金を運用するとか、複利で増えると考えれば、たしかに目の前のお金は「今の価値」ではなく、長期的には「大きな価値」を持つことになるのです。

★バフェットのルール

複利の視点で考えれば「今のお金」の価値は長期的には違って見えてくる。

第5話

「朝、目を覚まして、見知らぬ金融マンに助けを求めなければならないような立場には、絶対なりたくないだろう。そのことを私は何度も考えてきた」

「スノーボール」下

ウォーレン・バフェットが初めて株式投資を行ったのは11歳の時です。手元には120ドルのお金があり、姉のドリスを引き込んで、シティーズ・サービス・プリファードの株を3株ずつ購入しますが、購入時には38ドル25セントだった株価は一時、27ドルにまで下落します。

バフェットは毎日、ドリスから株価が下がって損失が出ていることを責められます。責任を感じたバフェットは株価が40ドルを回復した時に売却、2人で5ドルの利益を手にします。ドリスは満足しますが、やがて同社の株価は202ドルにまで上昇したことを知ったバフェットは、のちの信条ともなる「買った時の株価に拘泥《こうでい》してはいけない」を学ぶとともに、「他人のお金を使って投資してはいけない」ことを痛感します。理由はもし上手くいかなかった時、他人を怒らせることになるからです。

以来、バフェットは「他人のお金」もそうですが、「お金を借りる」ことに慎重になります。もちろん一度も借金をしたことがないわけではありませんが、こう考えていました。

「現金の蓄えがないのに、大きな財政的義務を負うのは大きな間違いだ。私個人としては、手持ちの25％以上のお金を借りて使ったことはない。1万ドルしか持っていないのに100万ドルあったらいいなと思うようなアイデアが浮かんだ時もそうだった」

「借金の道は不幸の道」というのがバフェットの考え方でした。

株式投資に限ったことではありませんが、儲け話には「手持ち資金がなくても大丈夫」という甘いささやきがついてくることが少なくありません。「現金は持たなくても大丈夫、必ず儲かるから」と証券会社などから話が持ち込まれ、もし不安に駆られて売ろうとすると、「こういう時に頑張った人が儲けるんですよ」と囁《ささや》かれ、その気になったものの結果的に損失を出し、借金を背負わされるというのはよくあることです。

だからこそ、バフェットに限らず、成功した投資家たちがしばしば言うのが「借金や信用はいかん。余剰資金で現物を買え」という鉄則です。バフェットは言います。

「借り入れの驚くべき効果で、ひとたび利益を上げてしまえば、（現金で投資を行うという）保守的なやり方に後戻りしようと考える人はほとんどいません」

こうした姿勢を貫いた結果、バフェットは借り入れを嫌うことによって「若干の潜在利益」を失ったかもしれませんが、資金繰りや借金返済に追われることはなく「ぐっすり眠ることができる」とバフェットは話しています。

★バフェットのルール

借金や信用に頼るのではなく、余剰資金で投資することを原則にしよう。

第6話

「どれほどお金を持っているか、去年どれほど稼いだかということを尺度にして人生を歩んでいくなら、遅かれ早かれ厄介な問題に巻き込まれるでしょう」

「スノーボール」下

「お金持ちになりたい」と願う人はたくさんいますが、「では、何のためにお金持ちになりたいのか？」への答えは人さまざまです。

スペースXの創業者で、テスラのCEOでもあるイーロン・マスクは24歳でZip2を創業、コンパックへの売却で2200万ドルを得た後、その資金でXドットコム（のちの「ペイパル」）を創業、やはりイーベイへの売却で1億6500万ドルという大金を手にします。もしマスクがお金目当てで起業したのなら、このお金で贅沢三昧、人生を謳歌できますが、マスクは「世界を救う」ためにそのお金を惜しげもなく次なる事業に注ぎ込みます。こう考えていました。

「金儲けのために悪魔に変身してしまう人間もいるが、大切なのは、そのお金を何に使うのかという目的をはっきりさせておくこと」

それから20年余り経ち、今やマスクの会社は宇宙開発と電気自動車のトップメーカーとなり、本気で人類の火星移住のために邁進しています。

大金を手にして身を滅ぼす人もいれば、贅沢三昧の日々を送る人もいます。一方にはマスクのような人もいれば、熱心に慈善事業に取り組み「オマハの賢人」と呼ばれたウォーレンバフェットのような人もいます。

バフェットは幼い頃からお金持ちになることを願い、小さなビジネスや投資に取り組んでいますが、その理由は「自立」でした。こう話しています。

「それ（お金持ちになること）で自立できる。自分の人生でやりたいことが、それによってできるようになる。それに、自分のために働くのが一番。他人に指図されたくない。毎日、自分がやりたいことをやるのが重要だと思っていた」

バフェットはある大学での講演で学生にこう問いかけます。

「お金のためだけの仕事はしたくないでしょう？ 快く思わない仕事はしたくないでしょう？ 毎朝、出かけるときはワクワクしていたいでしょう？」

バフェットは若い頃から「お金を稼ぐ」ことには貪欲でしたが、稼いだお金を自分のために消費することへの興味はありませんでしたし、ましてやお金を唯一の目的とすることもありませんでした。お金と嫉妬、欲は人間を狂わせます。大切なのは「いくら稼いだか」「どれだけお金を持っているか」を誇ることではなく、そのお金をはっきりとした目的のために使い、そして世の中のために貢献することなのです。

★バフェットのルール

「お金は稼ぐ以上にどう使うのか」が難しいと知ろう。

第7話

「私は何も犠牲にしていません。犠牲とは、夜の外出を控えたり、多大な時間を割いたり、ディズニーランド旅行をやめたりして、教会に寄付することです。私の生活はちっとも変っていません」

「バフェットの株主総会」

ウォーレン・バフェットの特徴の一つは、自分が決めたルールや習慣を安易に変えることなく、どれほどの成功者となってもきちんと守り抜くところにあります。たとえば、お金のない若い頃には質素倹約が当たり前でも、成功してお金を手にするようになると、当時のことを忘れ、贅沢な生活を送る人がいます。「お金持ちの生活」を思い切り楽しむということでしょう。悪いというわけではありませんが、バフェットは世界有数のお金持ちになっても若い頃の生活習慣をあまり変えることはありませんでした。

恩師であるベンジャミン・グレアムが経営していたグレアム・ニューマン社を辞め、オマハで投資パートナーシップを始めた頃のバフェットは手元に17万4000ドルもの資金を蓄えていましたが、オマハで借りた家は月175ドル、生活費は年1万2000ドルでした。26歳のバフェットの計算によると、引退して手元の資金を運用するだけでも35歳で念願のミリオネアになれるはずでしたが、それだけの資産を持ちながらもバフェットが借りた家はかろうじて住める程度の広さしかなく、その狭い書斎を事務所としてたった一本の電話を引いて投資パートナーシップを始めています。

バフェットは一つ一つの出費を黄色い罫線に手書きで記入することで出費を抑えます。運営する投資パートナーシップの総資産は膨れ上がり、1966年には4400万ドルに達し、バフェットは大金持ちになりますが、投資家への手紙にはこう書きます。「スージーと私は映画を観に行くお金を節約して684万9936ドル投資しています」

質素な生活はその後も続き、2006年に資産の大半を慈善事業に寄付すると発表した際には、「私は何も犠牲にしていません。犠牲とは、末の外出を控えたり、多大な時間を割いたり、ディズニーランド旅行をやめたりして、教会に寄付することです。私の生活はちっとも変っていません」と記入します。

バフェットによると、人は習慣で行動するだけに、良き習慣はできるだけ早い時期に身につけた方がいい、となります。時に「例外」を許したくなりますが、小さな例外を認めると、大きなことも守らなくなります。反対に「使うお金は入るお金より少なく」といった良き習慣は、長く続ければ、当たり前のものになっていきます。バフェットにとって質素倹約はごく当たり前のものであり、莫大な資産を築き上げたとしても、その生活ぶりが変わることはありませんでした。

★バフェットのルール

良き習慣を早くに身につけ、成功してからも守り続けよう。さらなる成功につながる。

第二章

原則は「損をしない」こと

第1話

「ルール1、決して損は出さない。
ルール2、ルール1を忘れない」

「ビジネスは人なり」

ウォーレン・バフェットの投資原則は難しいものではありません。自分が経験したことや、ベンジャミン・グレアムの本を読んで学んだことから自分なりの「ルール」をつくるわけですが、バフェットがすごいのは一旦、これだと決めたルールに関してはとことん守り抜くところにあります。そこには少年時代の苦い経験があります。

バフェットは幼い頃から小さなビジネスを行っていましたが、16歳の頃には競馬場にも出入りするようになります。年齢的に馬券を買うことはできませんでしたが、競馬場の床に落ちている馬券を漁って、当たり馬券を見つけ出すこともあれば、「厩務員特選馬」という予想紙を自分でつくって販売することまでしていました。

競馬場の許可を得ないものだけにたちまち売ることは禁止されますが、バフェットは予想紙をつくるために、連邦議会議員の父親に頼んで議会図書館から勝ち馬予想に関する本を何百冊も借りてきてもらい、徹底的に読み込んだほか、何ヶ月分もの古い予想紙を入手、自分の予想と結果を比較することで「勝ち馬を予想する能力」を磨きぬいています。たくさんの情報を読み込み、数字を分析するという点ではバフェットが株式投資で大切にしていることですが、その能力を競馬予想でもいかんなく発揮します。

こうした経験を通してバフェットは「競馬場の原則」を発見します。それは「1、1

レースだけで帰る者はいない。2、損するレースに賭けなくてもいい」というものであり、同時に「きちんと分析して賭けていない人間が多い集団に加わるほどいい」ことも学んでいます。

ところが、これだけのことを学び、予想能力も高めたはずが、ある日、バフェットは1人で競馬場に行き、最初のレースではずしたことで冷静さを失ったのか、損した分を取り返そうと、そのあとのレースにも次々と賭け続け、175ドル以上を失います。それはバフェットにとって1週間分の新聞配達で得られる金額でしたが、金額以上にショックだったのは「損するレースに賭けなくていい」という原則を忘れ、損失を失敗したのと同じギャンブルで取り返そうとしたことでした。

バフェットは「私は最悪の過ちをした。当たり前のことだったのに。胸がむかむかした。そういうことをやったのはそれが最後だ」と振り返っています。投資などで人が失敗をする理由の一つが「感情」や「欲望」を抑えられないことですが、だからこそバフェットの「損は出さない」「ルールを忘れない」はとても大切な原則なのです。

★バフェットのルール

ルールを決め、ルールを守ることで冷静さを維持しよう。

第2話

「価値が8300万ドルの事業を8000万ドルで買おうとしてはいけません。大きな余裕を見ることが肝要なのです」

「賢明なる投資家」

ウォーレン・バフェットは恩師であるベンジャミン・グレアムの本を何度も読み、暗記するほどの熱心な読者であり、グレアムの投資における原則のうち①株券ではなく事業を買う、②価格と価値の差を見極める、③安全域を持つ――といった考え方は忠実に守り続けています。

株式投資にはリスクは付きものです。だからこそリスクと上手に付き合うためには、「安全域」の考え方が大切になります。

「安全域」というのは、「現在の株価と企業の本質的価値との差額の領域」のことです。安全域の考案者はグレアムです。グレアムは、短期的な株価は一種の人気投票のようなものであり、必ずしも正確な価値を反映するとは言えず、故に短期的な株価は読むことはできないものの、長期的には株価は企業が持つ本来の価値と等しくなっていくという考えの下、割安株に資金を投ずるという「バリュー投資」という方法を実践していました。

これが「安全域」の考え方です。

バフェットはこの「安全域」を常に意識しながら投資しています。

株価というのは、常に適正な価格になっているとは限りません。たとえば、車の販売台数ではトヨタはテスラの何倍も生産していますが、一時期はテスラの株価がトヨタの何倍もあったことがあるように、株価は企業が持つ価値以上に評価されることもあれば、企業価値よりもはるかに低い株価で推移することもあります。この企業価値と株価が大きく乖離した時がバフェットにとっての投資のチャンスとなります。

1973年、ワシントン・ポストの価格（時価総額）は8000万ドルに対し、価値（純資産）は4億ドルを超えていました。バフェットにとって「価格とは、何かを買う時に支払うもの。価値とは、何かを買う時に手に入れるもの」です。当時であれば、4億ドルの価値のあるものを8000万ドル払えば手に入れられるわけですから、バフェットにとってこれほどリスクのない投資はありませんでした。これが「安全域」に注目した、リスクの低い、損をしない投資となります。

投資の世界で多くの人が気にするのは株価、つまり「価格」の変動です。一方で個々の企業の持つ「価値」を正確に知ろうとする人はあまりいません。そのせいかバリュー投資は流行したことはありませんが、バフェット自身は「価格」よりも「価値」に注目することで莫大な富を手にしています。

★バフェットのルール

「株価」だけに注目するのではなく、企業の持つ本当の「価値」に目を向ける。

第3話

「50銘柄も75銘柄もあったら、注意が行き届きませんよ。ノアの箱舟のような動物園になってしまいます」

「バフェットの投資原則」

ウォーレン・バフェットはグレアム理論の正当な後継者と言えますが、一方でグレアム理論をそのまま忠実に実行し続けたなら今日の成功は得られなかったとも考えられます。理由の一つは、グレアムがひたすら決算書の数字だけを追いかけていたのに対し、バフェットは帳簿には表れにくい企業のブランド価値や優れた経営陣などにも目を向けることで投資先を選んだからです。

もう1つの理由は、グレアムの極端とも言える分散投資に対して、バフェットは優れた企業と見れば、その一社に資金の多くを投じることもあったからです。若い頃、バフェットは後にバークシャー・ハサウェイと深く関わることになる保険会社のガイコの役員から事業について詳細な話を聞いて、その成長性を確信、自らの資産の75％を投じています。以来、バフェットは分散投資について否定的な考え方をしています。

「分散投資でリスクを減らす」という考え方は、グレアムに限らず、金融界でしばしば言われるキャッチコピーです。今日のように預貯金の金利があまりに低いと、その一部を預貯金にとは言いにくいのですが、金利がまだ高かった頃には、たとえば自分の資産の3分の1を預貯金に、3分の1を国債などの債券に、そして残りの3分の1を株式投資になどと喧伝されていました。

資産をこのようにいくつかに分散するのも分散投資ですが、株式投資における分散投資はできるだけたくさんの企業の株を買うことを意味します。こうした考え方をバフェットの相棒だったチャーリー・マンガーなどは「分散投資は、何も知らない投資家がやることです」と切り捨てています。バフェットも言います。

「50銘柄も75銘柄もあったら、注意が行き届きませんよ。ノアの箱舟のような動物園になってしまいます。厳選した数少ない銘柄にそれなりの額を投じるのが、私のやり方です」

バフェットによると、リスクというのは「無知」から生じます。投資の基本は、自分が投資する企業について「熟知している」ことですが、あまりに多すぎる企業の株を、「勧められたから」「株価が上がっているから」と買い過ぎると、その中身についてすべて知るのは不可能になります。知らないものをいくらたくさん集めたとしても、それはリスクの分散にはなりません。「損をしない」ためには、「よく分からない」ものをたくさん集めるのではなく、「よく知る」ものだけを集めることが重要なのです。

★バフェットのルール

リスク軽減に必要なのは「分散」以上に「よく知る」ことである。

第4話

「まずまずの企業を素晴らしい価格で買うよりも、素晴らしい企業をまずまずの価格で買うことの方がはるかに良いのです」

「バフェットからの手紙」

投資におけるリスクを抑えるためには「価格と価値の差」を冷静に見極めることが重要であり、「十分な安全域」を確保しなさいというのがウォーレン・バフェットの考え方です。では、企業の価値よりも価格が低ければそれでいいのかというと、もちろんそうではありません。

バフェットは「世界一の投資家」であり、年単位での損失を出したことはありませんが、現在、経営しているバークシャー・ハサウェイに関しては本人の歴史の中でも上位に来る失敗をしています。1965年、バフェットは繊維会社だったバークシャー・ハサウェイを見て、利益が出ない、倒産しそうな会社ではあるものの、企業価値よりも株価がはるかに安いため、「安いし、心底欲しい」と思ったといいます。

当時、バフェットはグレアム譲りの「バーゲン株買い」にとらわれており、同社はそれにぴったりの会社でした。バフェットは「ひと吸い分だけ残っているかもしれない」と信じて同社の経営権を取得しますが、実際には「一服できる分は残っていなかった」のです。それでも何とか会社を立て直そうと努力しますが、1985年についに繊維部門を閉鎖、400人の工員を解雇、機械設備一式を16万ドル余りで売却することになります。こう振り返りました。

「バークシャー・ハサウェイの名前を耳にしなかったら、今ごろ私はもっと裕福だっただろうね」

ここでの苦い経験を経てバフェットは、経営状態は良くないが、資産に比べて株価が極端に安い企業に投資する「バーゲン買い」「シケモク買い」から、資産に比べて株価が高かったとしても、優れた事業で、優れた経営者がいる事業への投資を重視するようになります。特に大切なのが「優れた事業」であることです。バフェットは言います。

「有能な騎手も、名馬に乗れば勝てるが、骨折した駄馬では勝てない」

どんなに優れた経営者であっても、事業内容が良くなければ、再建は難しいものです。反対に優れた事業であれば、時に「愚かな経営者」が登場したとしても、致命傷にはなりにくいものです。投資では誰しも損失など出したくないものですが、だとすれば余計に目先の株価よりも、事業の中身に注目することが必要です。優れた事業を優れた経営者が率いるのが理想ですが、もしどちらかを選ぶとすれば、「優れた事業」に注目することがリスクを小さくして、投資で成功する秘訣と言えます。

★バフェットのルール

株価にばかり気を取られるのではなく「事業」に目を向けよう。

第5話

「無知と借金が結びつく時、その結果は興味深いものになることがある」

「バフェットの投資原則」

成功のために必要なことは、自分のやっていることを十分に理解し、合理的に行動することです。反対に自分ではしっかり理解していないにもかかわらず、「儲かりそうだ」「良さそうだ」という理由だけで儲け話に飛びつくと痛い目にあうことになります。さらにそこに「借金」が加わると目も当てられない結果が待っています。

バフェットは言います。

「投資は合理的に行わなければならない。もしそれが分からないなら、投資などしないことだ」

リスクというのは自分がよく分からないものに手を出すことから生じるわけですが、反対にきちんと理解できることだけに集中すれば、リスクも小さくなりますし、成功に近づくこともできます。ところが、世の中には、今一つ理解できない状態でも大胆に打って出る人が少なくありません。

デリバティブ（金融派生商品）がそうです。デリバティブについて、バフェットは二重の危険性を指摘していました。

1つは、高度な金融理論を駆使した商品であり、投資家のほとんどは仕組みを理解できません。それなのに「儲かりそうだ」という理由だけで手を出してしまいます。

もう1つは自己資金以外にレバレッジがかかっていることです。

バフェットは若い頃から借金を嫌っただけに、こう言っています。

「無知と借金が結びつく時、その結果は興味深いものになることがある」

自分が理解できないものに投資する怖さと、実際にやり取りする金額の何倍もの利益や損失が出る怖さ。しっかりと考えることなくデリバティブなどに安易に手を出す行為は、自分の未来を破壊する行為でもあるのです。

バフェットはレバレッジを嫌うだけに、過大な債務を抱えている企業にも決して投資しようとはしませんでした。「市場環境が悪化した時、レバレッジは裏目に出る。その結果、それまでの立派な運用リターンが雲散霧消し、株主資本を破壊する」からです。

1994年、ソロモン・ブラザーズの出身者がヘッジファンドLTCMを立ち上げます。資本の25倍のレバレッジを使って取引を重ね、一時は素晴らしい成果を上げますが、数年後に世界の金融市場の混乱で資本の大半を失います。たとえ目を見張るような数字を上げても、最後にゼロを掛ければゼロになってしまいます。「無知と借金」にはすべてをゼロどころかマイナスにする怖さがあるのです。

★バフェットのルール

「無知」に「借金」が加わると、すべてを失うと覚悟しろ。

第6話

「投資する時には、一定のリスクを負わなければならない。未来はいつだって不確実だ」

「成功の名語録」

ここまで投資においては「損をしないこと」が大切だと書いてきましたが、とはいえ、投資の世界に絶対はありません。ウォーレン・バフェット自身、「安全域」を重視しながらも、リスクがゼロにできるとは考えていません。２００４年、韓国企業への投資を行った際、こう話しています。

「投資する時には、一定のリスクを負わなければならない。未来はいつだって不確実だ」

今もそうですが、当時の韓国には、戦争の恐れさえある「北朝鮮リスク」がありました。そうしたリスクを負ってまでバフェットが投資したのは、鋼鉄やセメント、小麦粉、電機など、いずれも10年後も確実に買われる製品をつくる企業でした。韓国国内で高いシェアを持ち、中国や日本にも輸出していて、強い競争力を持っていました。

よく言われることですが、たとえばベルリンの壁崩壊に伴うソ連の崩壊、あるいは新型コロナの世界規模での感染拡大などを予測できた人はほとんどいません。それほどに未来は不確実ですし、予測できないものです。それでもどんな状況になっても確実に買われる事業への投資なら、リスクは大幅に軽減できるというのがバフェットの考え方です。

こうした考え方の下、バフェットはイスラエルに本拠を置く超硬切削工具メーカーを2006年に40億ドルで買収しています。同社の主力工場は、紛争地帯であるレバノン国境近くにあり、普通は敬遠したくなるところですが、バフェットは意に介しませんでした。世界はリスクにあふれていて、危険というならアメリカもテロや災害の危険にいつもさらされていると考えていたからです。

同社は世界60か国で事業を展開し、経営陣も有能でした。バフェットは、良いビジネスへの投資であれば、リスクをとることも恐れませんでした。

このように投資というのは、リスクを減らす努力をしたとしても、「リスクゼロ」は望むことはできません。もし「リスクゼロ」を望むなら、株式への投資より日本の国債や預貯金の方がいいに決まっています。それでも投資をしたいのなら、「自分がどれだけのリスクをとることができるか」をきちんと把握することです。

ある投資家は持てる資産の8割は極めてリスクの低いものに投資し、2割をリスクはあるものの、大きなリターンも期待できるものに投資していましたが、こうしたルールを持つこともリスクと付き合う上では大切になります。投資での成功にはリスクを知り、リスクと上手に付き合うことも必要なことなのです。

★バフェットのルール

リスクをゼロにするのは難しい。
だからこそリスクを知り、上手に付き合おう。

第7話

「失敗した場合でも、そのいきさつを説明できるようにしておきたいと私は考えています」

「成功の名語録」

ウォーレン・バフェットは長い投資家人生の中で年単位で損失を出したことはなく、トータルで見ればずっと成功し続けてきた稀有な投資家ですが、投資で一度も失敗をしたことがないかというとそうではありません。

本章第2話で紹介したように今でこそ超優良企業となったバークシャー・ハサウェイは元は競争力を失った繊維会社であり、バフェット自身「バークシャー・ハサウェイの名前を耳にしなかったら、今ごろ私はもっと裕福だっただろうね」と振り返ったように失敗した投資と言えます。

同社が失敗のナンバーワンとすれば、失敗の2つ目はUSエアーです。こちらは「飛行機中毒者更生会のホットラインに電話しなかったのがいけなかった」と後悔しています。そして3つ目の失敗が、シンクレアのガソリンスタンドの買収です。若き日の過ちですが、バフェットはこの失敗がなければ、その投資は60億ドルになったと考えています。

これらは「買った」ことによる失敗ですが、もう一方には「買えたのに買わなかった」という失敗もあります。ファニーメイ（連邦住宅抵当公庫）株を買わなかったことや、ウォルマートに投資しなかったことなどをバフェットは挙げています。

こうした失敗に対して、たとえば「あの時にあの企業の株を買っていれば、今ごろ自分は裕福だったのに」といつまでも悔やみ続ける人がいます。実はこうした考え方をする人はやがて大きな失敗をすることがあります。著名投資家のピーター・リンチは言います。

「実際には何も損をしていないのにミスを犯したと思い込めば、本当に多額のお金を失うミスを犯す羽目になるだろう」

リンチによると、「買えなかったミス」は、実際に損をしているわけではありませんから、実はミスとは言えないにもかかわらず、それをミスと思い込むと、「二度とあんな損はしたくない」と躍起になって有力な投資先を探し、つい「おいしい話」に手を出してしまいます。これは本当の失敗につながります。

一方、バフェットは「人間が失敗するのは当たり前だと思っているので、いつまでもクヨクヨ悩むことはありません。明日という日があるんです。前向きに生きて、次のことを始めた方がいいんです」と失敗も前向きにとらえています。大切なのは自分で考え、自分で調べて、自分が納得するものに投資をすることです。そうすれば失敗の原因も分かるし、失敗を活かしてより良い投資ができるようになるのです。

★バフェットのルール

時には失敗もある。但し、自分が納得した投資なら、前を向くことができる。

第三章

投資で勝利するのは「他人の頭」ではなく「自分の頭」で考えた人だ

Warren E Buffett

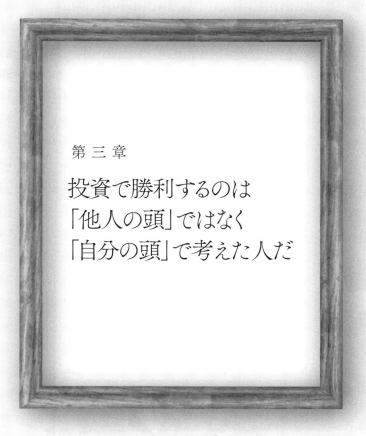

第1話

「グリーンは私の顔を見て、ワン・ストライクと言った。その目つきと言葉は、一生忘れられない」

「スノーボール」上

投資には確固たる理由、それも「自分の頭」で考えた理由が必要だというのがウォーレン・バフェットの考え方です。しかし、現実には多くの人が「株価が上がっているから」「専門家が推奨しているから」「今の時代、株くらいやらないと」といった単純な理由で買い、また逆の理由で売ったりしています。

バフェットが自分で考えることの大切さを思い知らされたのは1950年、コロンビア大学大学院に在籍していた頃のことです。入学する少し前、バフェットは父ハワードと一緒にミネソタ州ダルースにある金物卸売業者マーシャル・ウェルズという会社の株を25株購入しました。

ある日、大学の授業を欠席して、同社の株主総会に出席します。初めての経験です。そこで経営陣に対して手厳しい質問をする証券会社ストライカー&ブラウンのルイス・グリーンと出会います。

グリーンも恩師ベンジャミン・グレアムの盟友の1人で、経営に影響力を及ぼそうとしていました。バフェットはそんなグリーンに感銘を受け、好印象を与えようと熱心に話しかけます。株主総会の帰り、グリーンはバフェットをランチに誘い、最初は他愛もない話でバフェットを楽しませてくれますが、しばらくしてこう質問します。

「どうしてマーシャル・ウェルズを買った?」

バフェットはこう答えます。

「ベン・グレアムが買ったから」

バフェットにはそれ以外にも理由がありましたが、あまり自分の説をひけらかすのもどうかと思い、そう言ってしまいました。すると、グリーンはバフェットの顔を見て、「ワン・ストライク」と言います。

それは「ウォーレン、自分の頭で考えろよ」という意味でした。

バフェットにとってその時のグリーンの目つきと言葉は一生忘れられないものになりますが、以来、バフェットは二度と同じ過ちを犯してはならないと心に誓うことになります。買った理由はバフェットなりにあったものの、心の底に「グレアムが買ったから」という安心感があったのも事実です。そしてそれは「他人任せ」の投資であり、自分自身が「自分の頭」で考えた、本当に確信のあるものではなかったのです。

★バフェットのルール

投資をする時は「他人任せ」にせず、「自分」で考えて決めよう。

第2話

「二番手になって真似をするという人生を送るのは簡単だが、二番手が間違った音を吹いたらそれは台無しになる」

「スノーボール」上

投資に限らず、誰かのあとをついていき、誰かの真似をするのはたやすいことです。ましてやその誰かがグレアムほどの権威者であれば、そのあとをついていきさえすれば、物事はうまくいくように思えます。

実際、グレアムの講演や講義などを聞いて、そこで耳にした企業の株式を抜け目なく買うことでそれなりの成功をしていた人もいたわけですから、真似ることがすべてダメというわけではありませんが、ウォーレン・バフェットは学生時代に二番手として真似をする危うさを経験していました。

ローズヒル校時代、バフェットはコルネットを習っていましたが、懸命に練習した甲斐があって、学校の休戦記念日の式典で演奏することになりました。

当日の朝、バフェットは生徒全員の前で演奏できることが嬉しくてたまりませんでしたが、あろうことか第一奏者が途中の音を間違えてしまったのです。その瞬間、バフェットは不意を衝かれ、凍り付き、どう吹けばいいか分からなくなったといいます。

第一奏者の間違えた音を真似て吹くか、それとも正しい音を吹いて、第一奏者に恥をかかせるか。最終的にどちらを選んだかをバフェットは覚えていないといいますが、そこからこんな教訓を学んでいます。

「一番手になって真似をするという人生を送るのは簡単だが、一番手が間違った音を吹いたらそれは台無しになる」

誰かのあとをついていくとか、やっていることをそのまま真似るというのは、楽でいいのですが、怖いのはその「誰か」が間違えた時です。間違えたからと言って、「誰か」が責任を取ってくれるわけでも、損失を補填してくれるわけでもありません。

著名な投資家のピーター・ティールによると、「アマチュアが失敗するのはプロの真似をしようと後追いする時」になります。プロの成功を見たアマチュアが、プロの勧める株を買い、後追いしても、その頃にはブームは後半へと差し掛かっており、プロはたしかに儲かったものの、アマチュアが同じように儲けられるとは限りません。むしろアマチュアは自分のよく知る企業に投資して、焦らずじっくり取り組めばいいというのがティールのアドバイスです。

成功者のやり方に学ぶのはともかく、自分で考えずに、すべて後追い、物真似では失敗する恐れがあります。投資はあくまでも「自分で考え自分の責任で行動する」ものです。

★バフェットのルール

安易な物真似や後追いは失敗につながりやすい

第3話

「USスチールがいい会社かどうかを考えた級友は1人もいなかったと思う。たしかに大企業だったが、自分がどういう列車に乗り込むのかということを、彼らは考えていなかった」

「スノーボール」上

こうした経験をしながらウォーレン・バフェットは投資での成功に大切なのは、誰かの後追いをしたり、物真似をするのではなく、自分自身で考えることが大切だと確信するようになります。それは「生き方」という点でも同様でした。

バフェットは1951年にコロンビア大学の大学院を卒業していますが、当時のアメリカにおいて誰もが入りたいと願う企業はUSスチールでした。社会に出る学生の多くは、大手の重工業に就職し、出世の階段を上ることが成功への近道だと考えており、何より安定した大企業の安定した職に就くことがバフェットの同級生に共通する考えでした。しかし、バフェットはこんな疑問を持ちます。

「USスチールがいい会社かどうかを考えた級友は一人もいなかったと思う。たしかに大企業だったが、自分がどういう列車に乗り込むのかということを、彼らは考えていなかった」

投資でもそうですが、たとえば誰もが知る大企業なら「絶対大丈夫」だと信じ込み、急成長するＩＴ企業を見れば、「これからも成長するに決まっている」と思い込むことがありますが、本当にそうなのでしょうか？

バフェットの考え方によれば、大切なのは「その企業の中身をよく知る」ことです。

ＵＳスチールが大企業であることは間違いなくとも、その企業に就職することが自分にとって良いことかどうかは別物です。当時の人気株だったＧＭが大企業であることと、その企業に自分が投資するかどうかはイコールではありません。「大企業だから安心だ」「急成長企業だから期待できる」といった評判に踊らされることなく、その中身を知り、自分の頭で考えること、それがバフェットの考え方です。

但し、自分の頭で考えるためには、しっかりとした「学び」を欠くことはできません。バフェットは幼い頃からオマハの図書館で「金融」と名のつく本はすべて読むほどの勉強家ですが、コロンビア大学時代も図書館にこもって「１９２９年版からずっと目を通した」というほど古い新聞にも徹底して目を通しています。「ムーディーズ・マニュアル」なども何時間も読んで投資先を探そうとしています。

こうした日々を過ごすことでバフェットが「自分の頭」を鍛えたように、投資の成功にはある程度の「学び」が大切になります。

★バフェットのルール

何事につけ、「自分で考える」ことを大切にしよう。

第4話　「君たちは優秀かもしれないが、じゃあ、なんで私が金持ちになったんだい？」

「ビジネスは人なり」

投資の世界にはたくさんのアドバイザーがいます。

ウォール街の住人もいれば、難しい理論を操る専門家もいれば、格付け会社もあります。しかし、ウォーレン・バフェットはこうした人たちのアドバイスをまったく相手にしようとはしません。

1983年と84年、バフェットはワシントン電力会社の社債を1億3900万ドル購入しましたが、これは格付け会社によるとただの紙切れになるリスクが極めて高い、投資には適さないものでした。しかし、バフェットは意に介しませんでした。

「私たちは、格付けを基に判断しているわけではありません。もし格付け会社のムーディーズやスタンダード&プアーズに投資資金の運用を任せたいのであれば、とっくの昔にそうしています」

バフェットは格付け会社など不要だと言っているわけではありません。それどころかバフェットは父親の会社で働いていた頃から『ムーディーズ・マニュアル』を一ページも漏らさず、読み込んでいましたし、ニューヨーク時代もムーディーズやスタンダード&プアーズに直接出向くほど熱心に読んでいます。

バフェットはこうした資料の価値をよく知り、これらの資料から投資すべき企業を探し出すのにも長けていましたが、一方でこれら格付け機関の言うことを無批判に信じるほどのお人よしではありませんでした。

同様に会計監査人の意見に関しても、「もし会計監査人の方が自分より買収に詳しいと思うなら、自分は会計を担当して、その会計監査人に会社を経営させるべきでしょう」と言い切っています。

さらに辛辣なのは、金融の小難しい理論や学説を滔々と述べる学者たちに対してでした。バフェットによると、リスクは「経営の問題」であり、理論や数式で計算できるものではありません。そんなバフェットだけに、学者たちから批判されることもよくありましたが、こう反論しています。

「君たちは優秀かもしれないが、じゃあ、なんで私が金持ちになったんだい？」

バフェットは格付け会社に頼らなければ、アナリストにも学者にも頼りません。もちろんこうした人たちの意見を参考にするのは構わないわけですが、大切なのはすべてを頼り切るのではなく、自分で考えるということです。そうすることで初めて自分で納得し、自分の責任で投資ができるようになるのです。

★バフェットのルール

専門家の意見は参考にはしても、無批判に信じ込むのはやめておこう。

第5話　「これはたぶん私の偏見だろうが、集団の中から飛びぬけた投資実績は生まれてこない」

「成功の名語録」

ウォーレン・バフェットが勤務していたグレアム・ニューマン社を離れてオマハに帰り、1人でパートナーシップを立ち上げようと決断した1956年当時、本気で金融の世界で成功したいと考えるアメリカ人がニューヨーク以外の場所で働くというのはあり得ないことでした。

もちろんオマハにもバフェットの父親が経営する証券会社があったように、ニューヨーク以外の地方都市にも証券会社はありましたが、どれも重要な役割は果たしておらず、少なくとも金融界で成功し、バフェットが望んだような大金持ちになりたいと考える者にとって、ウォール街から離れるということは、そうした夢を捨てることさえも意味していました。

しかし、そんな当時の常識をバフェットは見事に覆します。

1957年にバフェットのパートナーシップに投資された1万ドルは、1969年には26万ドルになるほどの素晴らしい成績を上げたことで、「フォーブス」は「オマハはいかにしてウォール街を打ち負かしたのか」という記事を掲載したほどでした。

一体、なぜバフェットはインターネットもない時代、ウォール街から遠く離れたオマハで、しかもたった1人でこれだけの成果を上げることができたのでしょうか？　なぜウォール街には天才と呼ばれる人や専門家が集まっていながら、バフェットほどの成果を上げられないのでしょうか？　バフェットはこう指摘します。

「これはたぶん私の偏見だろうが、集団の中から飛びぬけた投資実績は生まれてこない」

問題はウォール街の投資判断や横並び意識にありました。

たとえば、１９７３年にワシントン・ポストの株価が大きく下げた時、バフェットは「安全域」の大きさから投資を決断していますが、多くの人は「みんなが売っているから」「マスコミ株が下げているから」という理由で売却しています。つまり、「みんなそれほど確固たる理由はない」にもかかわらず、周りを見て、横を見て、「売る」という決定をしていたのです。「みんなと同じ」は安心ではあっても、いつも正しいわけではありません。バフェットはこうした横並びの支配する場所を離れ、郵便が届くのに何日もかかる、あえて遠い場所に身を置き、「鏡を見て」大切な決断をすることで大きな成果を上げています。

投資ではどうしても周りの動きが気になるものですが、「独力で考えなければ成功しない」がバフェットの一貫した考え方です。

「みんなと同じ」は安心ではあっても成果につながりにくいと心得よ。

★バフェットのルール

第6話

「人がどうふるまうかを大きく左右するのは、内なるスコアカードがあるか、それとも外のスコアカードがあるかということなんだ。内なるスコアカードで納得がいけば、それが拠り所になる」

「スノーボール」上

これまで見てきたようにウォーレン・バフェットは、流行の理論や専門家の意見など気にすることなく、独自のやり方でウォール街の平均を上回る成功を収めたわけですが、その過程では激しい批判を浴びることもありました。

アメリカがバブル景気に沸いた1960年代後半は「ゴーゴー時代」とも呼ばれ、さまざまなファンドが短期的な売買によって実績を上げていました。代表格がフレッド・カーです。カーは急成長を遂げる会社の未公開株に大量に投資、ビバリーヒルズに住み、ジャガーで通勤するスタイルで、67年には年間利回り116%を達成します。

マスコミは「全米一のファンドマネジャー」ともてはやします。この時期、バフェットも36%(翌年には59%)という素晴らしい成績を上げていますが、そのやり方はカーたちとは大きく異なるものでした。バフェット1960年代には急成長を遂げ、当時、人気となっていたゼロックスやIBMといったテクノロジーの領域に手を広げることはなく、「価格」ではなく、あくまでも「価値」にこだわり続けていました。みんながもてはやす人気銘柄に踊らされることもありませんでした。

やがてバブルが崩壊、カーは廃業に追い込まれ、あとには現金化できない株の山だけが残されたのに対し、たとえ批判されても自分のやり方を変えようとはしなかったバフェットは「世界一の投資家」への階段を着実に歩んでいました。

それから四半世紀が過ぎた１９９０年代後半、アメリカはＩＴブームに沸き返ります。この時期、市場には社歴も浅く、利益も出ていないような企業でも「ドットコム」とつくだけで人気の銘柄となり、みんながＩＴ関連企業に投資するようになりますが、やはりバフェットはこうした株には目を向けませんでした。

そのため、周囲は「過去の人」「昔日の象徴」とバフェットを揶揄しますが、ここでもほどなくしてバブルは崩壊、ＩＴ関連企業の社員は10万人以上解雇され、株価も急落します。バフェットの正しさが証明されたわけですが、批判の中で「我が道」を行くのは大変なことです。それができたのはバフェットには「内なるスコアカード」があり、決して「外のスコアカード」に惑わされることはありませんでした。

投資の世界では不安を抱えながらも「自分をどこまで信じることができるか」が成功のカギとなるのです。

★バフェットのルール

自分を信じる力が成功をもたらすことになる。

第7話　「他人が貪欲になっている時は恐る恐る、周りが怖がっている時は貪欲に」

「スノーボール」上

株は安い時に買って、高い時に売れば確実に儲かります。

あまりに当たり前すぎて、「そんなの常識だろ」「それくらい誰でも知っているよ」と思うかもしれませんが、これは江戸時代の米相場で活躍し、「相場の神様」と呼ばれた本間宗久が「これは第一の心得なり」と言うほど大切な心構えです。

普段はあまり株に興味のない人も、株価が上昇して、ニュースや雑誌などでも報じられるようになると、何だか自分も儲かるような気がして、「株でも買うか」と参加します。

しかし、実際には世の中の多くの人が関心を持ち、「買いに走る」頃には、株価も天井へと近づきつつあり、買う時期としては既に遅いと言えます。

それでも乗り遅れまいと買ったものの、やがて天井を打ち、株価が下がり始めます。

それでも多少の利益のあるうちに売ることができればいいのですが、買値を下回ると、売る決心もできかねず、結果的に安く売って損失だけが残ることになります。

これが一般的な投資家の行動だとすれば、ウォーレン・バフェットはその逆です。

バフェットの恩師ベンジャミン・グレアムは言います。

「本当の投資家であれば、自分が群衆とはまったく逆の売買をしていると考えることに充足感を覚えるものなのである」

群衆は相場が上がれば買いに走り、相場が下がれば慌てて売ろうとしますが、賢明なる投資家はそういう群衆とは反対の行動をとるものです。１９６０年代後半、バフェットは投資の世界から少しだけ距離を置きますが、70年代に入って、ゼロックスやコダックなどを中心に大きく上げた株価が下がり始め、市場関係者が弱気になり始めた頃、バフェットは資金調達を行い、積極的な買いに出ます。

バフェットが買いを入れるのは、他の投資家がレミング（集団で行動するネズミ）のごとく一斉に売りに傾く時です。バフェットは株価が下がり、価値よりもはるかに価格が安くなった優良企業に着目、次々と投資を行います。「危機に際して、元気に勇気が加わると、その先は計り知れない」と言うように、バフェットはこの時も、そして２０００年代初頭、ＩＴバブルがはじけた時も積極的に動いています。

大切なのは自分の判断に自信が持てるかどうかです。自信と勇気があれば、マスコミがどんなに危機をあおろうが、ウォール街を悲観論が支配しようが関係ありません。チャンスが来れば、大衆の乗るバスから飛び降りて、あえて逆方向に進む。その勇気が成功につながるのです。

★バフェットのルール

「正しい」という確信があるなら、「逆を行く」ことを恐れるな。

第四章

投資には家電製品を買うのと同じくらいの労力を

Warren E Buffett

第1話

「『なぜ自分は現在の価格でこの会社を買収するのか』という題で、一本の小論文を書けないようなら、100株を買うこともやめた方がいいでしょう」

「バフェットの株主総会」上

「ほとんどの人は、株式投資より電子レンジを買うことの方に、より多くの時間をかける」は、著名投資家のピーター・リンチの言葉です。

たとえば、冷蔵庫やテレビなどを買う時、あるいは自動車を買う時、たいていの人はカタログを見て性能を比較したり、ネットの口コミを調べたり、さらには家電量販店に行って実際にものを見たり、お店の人の話を聞いたうえで、「これにしよう」と決めます。さらに「では、どこで一番安く買えるのか」についても真剣に調べようとします。

こうした比較検討をしたうえで、最終的に「この店でこれを買おう」と決断するわけです。同様に日々の買い物においても「どこが安い」「ここはものがいい」などと調べたうえで、家から離れた場所に買い物に行くことを厭いません。そのかける時間や労力はかなりのものですが、そうするのは実際に買ってから、「あっ、失敗した」と後悔したくないからです。

では、投資に関してはどうでしょうか。もちろん日ごろから勉強して、しっかり調べ抜いて投資する人もいますが、現実には「値上がりしているから」「専門家が推奨しているから」「みんな株をやっていて、儲けているらしいから」といった、ごく単純な理由で買い、また逆の理由で売る人も少なくありません。

実はこれはとても危険なことなのです。

ウォーレン・バフェットの初めての株式投資は、「父親が推奨しているから」という理由で購入したものですし、学生時代には「グレアムが買っているから」という理由で投資することもありましたが、やがて自分の投資手法を身につけてからは、「自分の頭で考える」ことの大切さを強調するようになります。バフェットは学生や投資家にこうアドバイスしています。

「『なぜ自分は現在の価格でこの会社を買収するのか』という題で、一本の小論文を書けないようなら、100株を買うこともやめた方がいいでしょう」

大切なお金を使う以上、投資には確固たる理由が欠かせません。それは「○○が買ったから」「○○が推奨しているから」といった曖昧なものではなく、自分で調べ、自分で考えたものであることが必要です。投資をする前には、まず「なぜこの会社の株を、この価格で買うのか」をきちんと問いかけてみることです。

★バフェットのルール

投資には「納得のいく理由」が欠かせない。

第2話　「投資は力仕事ではない。人一倍、読み、考えなくてはならない」

「成功の名語録」

ウォーレン・バフェットの特徴は「読むこと、考えること」に多くの時間を使うところにあります。バフェットはベンジャミン・グレアムの会社で働いていた時はニューヨークで暮らしていますが、それ以外は生まれ育ったオマハを仕事の拠点にしています。もちろん今の時代ならネットが発達しているだけに、どこにいても十分な情報を入手できますが、バフェットがオマハで仕事を始めた1950年代にはネットもなく、それこそ郵便も遅れて届くような場所ではさぞかし不便だったのではと思えますが、バフェットはこう考えていました。

「ここでは、じっくりものが考えられます。市場についての考えが、都会にいる時よりまとまるのです。余計な雑音が入ってこないので、目の前にある銘柄に神経を集中させることができるんですね」

たしかに過去の著名な投資家の中にはニューヨークに拠点は置くものの、ウォール街からは少し離れた場所にオフィスを構える人もいました。情報は必要でも、余計な情報の氾濫からは逃れたいという理由からでしたが、バフェットにとってオマハはまさに「じっくりと読み、考える」のにはぴったりの場所だったのでしょう。

そんなバフェットの強みが発揮されたのが1998年、バフェットと縁のあるジョン・メリウェザーが設立したＬＴＣＭがアジア通貨危機と、ロシア財政危機の影響で崩壊寸前に陥った時です。同社の崩壊は世界の金融市場にも大きな影響を与えるだけに、世界の金融機関は恐怖におののきますが、この時、バフェットは何を考えていたのでしょうか？　こう話しています。

「ロングターム・キャピタル危機の時には、チャンスが山ほどあることが分かっていましたので、私たちは、毎日、８時間から10時間、読んだり、考えたりしました」

危機にあっても冷静に読み、考えること。それが成功の要因でした。

「最大限の利益を得られる可能性があるのは、最大限の知性と技術を駆使する用心深い積極的な投資家なのである」はベンジャミン・グレアムの言葉ですが、この言葉は肉体労働が苦手なバフェットにとって、まさに人生のたいまつでした。投資に求められるのは肉体労働ではなく、最大限の知的努力です。まさにバフェットにぴったりであり、だからこそ猛烈に打ち込みます。

「投資は力仕事ではない。人一倍、読み、考えなくてはならない」は、バフェットが投資における成功の秘訣としてとても大切にしている考え方の一つです。

★バフェットのルール

投資の成功には「知的努力」が欠かせない。たくさん読み、考えよう。

第3話

「ベンは決算書の数字ばかり見ていましたが、私は帳簿に記載されない資産や、目に見えない資産に着目しています」

「ウォーレン・バフェット」

投資に際しては一本の小論文を書けるくらい、その企業について「よく知る」ことが必要だというのがウォーレン・バフェットの考え方です。そのためには資料を「読み、考える」ことが求められますが、では、単に資料を読み、数字だけを追いかければいいのかというと、そうではありません。

バフェットは言います。

「ベンは決算書の数字ばかり見ていましたが、私は帳簿に記載されない資産や、目に見えない資産に着目しています」

ベンジャミン・グレアムは資料を読み込むことで「シケモク株」と呼ばれる、価値に比べて価格の安い企業を探すことにこだわっていましたが、ある時期からバフェットはたとえ土地や工場といった資産はあまりなくても、ブランド力や競争力のある企業への投資も積極的に行うようになります。

最初のきっかけは代理店を使わず、通信販売することで、自動車保険を安く売るガイコとの出会いです。学生時代、グレアムがガイコの株の55％を所有していたにもかかわらず、売却したことを知り、興味を持ったバフェットはワシントンＤＣにあるガイコ本社を訪ねます。グレアムの教え子であることを知った副社長のロリマー・デービッドソンが対応してくれます。当初、デービッドソンは5分ほど話して送り返そうと考えていましたが、バフェットと話すうちに「並外れた若者」であることに気づき、長時間にわたって丁寧に説明してくれました。

結果、バフェットは成功間違いなしの事業であることを確信、グレアムの判断に反して、持てるお金の4分の3を投資することになります。同社以外にもバフェットはアメリカン・エキスプレスが子会社の不祥事により株価が急落した際には、オマハのレストランや店を時間をかけてチェック、アメリカン・エキスプレスの信用はスキャンダルによって低下していないことを確信、今後も高いブランド力によって成長するとして同社株への積極的な投資を行っています。

家電製品などもそうですが、投資に際しては資料を見るだけではなく、可能な限り足を運んでものを見て、人の話を聞いて、そのうえで結論を出します。これはバフェットのもう1人の師フィリップ・フィッシャーの「聞き込み」というやり方ですが、バフェットは読むだけではなく、時に聞き込みを行う上で最善の投資先を選んでいました。

★バフェットのルール

時には資料だけに頼らず、出来る限りの調査をしよう。

第4話 「私たちは今後も、政治的あるいは経済的な予想などは気に留めません」

「バフェットからの手紙」

投資に限ったことではありませんが、人は「権威」に弱いところがあります。「有名な○○さんが推薦しています」といった言葉につられて、言われるがままに投資をしたところ、実は「○○さん」はまったく関わっていなかったということもよくあることです。

こうした「著名人の言葉」をつい信じ込んでしまうように、人は「内部情報」や「極秘情報」を信じ込んでしまうところがあります。そして時に「間違った情報」に乗っかったまま売り買いをしてしまいます。

情報というのはなければ困るものの、多すぎる情報には危険が伴います。「情報の中にはデタラメがある」は投資の世界でよく言われることですが、そのため著名な投資家の中には自分に「確実な情報」「誰も知らない内部情報」をもたらしてくれる人たちから遠ざかるために、わざわざオフィスを不便な場所に移す人もいたほどです。

ウォーレン・バフェットもウォール街のあるニューヨークから遠いオマハにいるのは、多すぎる情報の危険性を知り、必要な情報をじっくり見極めるためには静かな落ち着ける環境の方が望ましいと考えていました。

バフェットが遠ざけたいのは「デタラメな情報」だけではありません。内部情報や経済予測についても同様の姿勢を貫いています。こう言っています。

「FRBのグリーン・スパン議長（就任期間は1987～2006年）が私の所にやってきて、向こう2年間どのような金融政策をとるつもりかを教えてくれたとしても、私の行動に何ら影響することはありません」

なぜここまで言い切れるのでしょうか？

バフェットは将来を予測したり、内部情報、極秘情報を入手して小賢しく利益を得るのではなく、どんなことがあっても人々が必要とする商品やサービスを提供することで成長できる素晴らしい企業を相応な価格で買い、長く持ち続けるというスタンスを守り続けているからです。

「私たちは今後も、政治的あるいは経済的な予想などは気に留めません」

内部情報や極秘情報に振り回されたら、あっという間に失敗してしまいます。バフェットにとって重要なのは、企業が長く良い企業であり続けるかどうかだけであり、その価値を正確につかむことの方が、真偽ないまぜの「情報」を必死になって探し求めるよりもはるかに価値あることなのです。情報は武器になることももちろんありますが、時には毒にもなるのです。

★バフェットのルール

内部情報や極秘情報に振り回されず、企業の価値だけを知る努力を。

第5話

「あなたに会いに来た人の体重が、150キロから180キロの間だったら、ひと目見ただけで、その人が太っていることは分かります」

「バフェットの株主総会」

ウォーレン・バフェットは多くの時間を読むことと考えることに使っていますが、特に決算書や年次報告書（アニュアルレポート）に関しては、毎年、何千という数のものを読んでいます。その過程で「これは」という企業に出会えば、すぐに行動を起こします。

一方で、読む年次報告書は投資している企業のものだけではありません。関心のある企業のものにはずっと目を通し、追いかけ続けます。たとえばガイコは、一旦は手放したものの、以来20年間にわたって年次報告書を読み続けていますす。ついに株価急落の時が来て、バフェットは再び投資を始め、それがガイコの救済へとつながっています。

アメリカの鉄道会社ＢＮＳＦも年次報告書を30年から40年も読み続けて、ようやく買収を決めています。

ＩＢＭもそうでした。こう話しています。

「ＩＢＭのアニュアルレポートを、この50年の間、毎年読んできました。ある年、読んでいる時に、ＩＢＭが競争力を将来も維持することを、かなり容易に予測できることに思い当たったのです」

関心のある企業をずっと追い続ける。お買い得になるまで何年でも待って、お買い得な水準になり、将来に確信が持てれば、一気に動けばいい。これがバフェットの流儀です。

こうしたやり方をバフェットは何年にもわたって続けた結果、いくつかの分野に関しては熟知し、即座に判断できるようになります。こう話しています。

「あなたに会いに来た人の体重が、150キロから180キロの間だったら、ひと目見ただけで、その人が太っていることは分かります」

バークシャー・ハサウェイの株主総会に出席した1人の投資家が、バフェットがある企業に投資するにあたり、年次報告書を読んだだけで決断したのは「本当か？」と尋ねたところ、バフェットは上記のように答えました。バフェットはその会社が属する業界については詳しく知っているだけに、年次報告書を読んでその会社の「価値」を算出したうえで、「価格」を見れば、「割安で買うべき」という判断が即座にできました。大まかな計算さえできれば、細かい計算や調査は不要というのがバフェットの説明でした。

日ごろからいくつかの業界について学び、企業のデータを見ていれば、判断は「5分」でできるというのがバフェットの考え方です。投資の成功には付け焼刃ではない、日ごろの積み重ねも大切になります。

★バフェットのルール

投資の成功には日ごろの学びや積み重ねが欠かせない。

第6話

「どんなことであれ、自分が本当の意味で理解しているのなら、他人が理解できるように表現できるはずです」

「成功の名語録」

ここまで見てきたようにウォーレン・バフェットの投資の根底にあるのは、その企業について納得がいくまで調べたうえで投資するかどうかの決断をする、ということです。その際、バフェットが重視しているのは、

①その企業が長期にわたって多くの人に必要とされる商品やサービスを提供し続けることができるか、

②価格は価値に比べて安く安全域を確保できるのか、

③信頼できる経営陣が率いているのか

といった点です。

それ以外の、多くの人が気にする「市場全体で株価は上がっているのか」「証券会社や金融機関はその企業の株を推奨しているのか」「著名な専門家は推しているのか」などは無関係で、バフェットはあくまでも「その企業の価値」を見て判断します。

本章第1話で「一本の小論文を書けないなら投資すべきではない」というバフェットの言葉を紹介しましたが、それほどにバフェットは「投資する理由」にこだわっています。しかも、その理由は「自分で調べて自分で考えたもの」であるということが大切になります。さらにその理由が投資のことについてそれほど詳しくない人にも分かりやす

く説明できるほど具体的であればより良いでしょう。

もちろん実際には「私はこの企業の株をこういう理由で買うよ」と説明する必要はありませんが、「そのくらいまで考えよう」という意味です。バフェットは毎年、バークシャー・ハサウェイの事業内容や自分の考え方について、株主に向けて手紙を書いていますが、その内容は分かりやすく蘊蓄に富む、書籍（タイトルは『バフェットからの手紙』）としてベストセラーになるほどです。

これを書く際、バフェットが心がけているのが、「会社の半分を保有し、かつ一年中旅行している姉に事業の内容を説明するようなつもりで書く」ことです。姉はビジネスオンチではないものの、その道の専門家ではありません。その姉が読んで理解できるなら、その内容はとても分かりやすいものになります。

投資に限らず、ビジネスでも、内容をしっかり理解できていれば、それを他人にも分かりやすく説明できるものです。投資には「自分の頭で考えた納得のいく理由」がとても大切なのです。

★バフェットのルール

投資の理由は他人にも分かりやすく説明できるほどに考えよう。

第7話

「最も重要なのは、自分の能力の輪をどれだけ大きくするかではなく、その輪の境界をどこまで厳密に決められるかです」

「ウォーレン・バフェット」

投資においては「自分がよく知る企業に投資する」ことが大切だというのがウォーレン・バフェットの考え方です。この「よく知る業界や分野」というのが、バフェットの言う「能力の輪」ですが、能力の輪で何より大切なのは、能力の輪をやたら広げるのではなく、能力の輪の中にある企業を投資先として選択することです。

こう書くと、「じゃあ、能力の輪の外に魅力的な企業がある場合、みすみす見逃すことになる」と不満を感じる人がいるかもしれませんが、バフェットはそれこそが投資で勝つ秘訣と考えています。バフェットは言います。

「最も重要なのは、自分の能力の輪をどれだけ大きくするかではなく、その輪の境界をどこまで厳密に決められるかです」

理由はこうです。

「来年1年、すべての時間をテクノロジーの勉強に費やしても、私はその分野における、100番目や1000番目、いや1万番目に優秀なアナリストにもなれないでしょう」

バフェットは「能力の輪」をしっかりと決め、その外にある企業には、どれほど成長し、利益を生んでいても決して手を出すことはありません。

能力の輪の外の典型がテクノロジー企業です。

バフェットはかつてグリネル大学の理事をしていた時、ボブ・ノイス、ゴードン・ムーアたちが半導体会社フェアチャイルド・セミコンダクターを退社して、新しい半導体会社「インテル」を設立するにあたり、大学がその企業に投資することを承認したものの、バフェット自身は投資しませんでした。

その後のインテルの成功を考えれば、大変なチャンスを逃したことになりますが、当時もバフェットはテクノロジーや半導体関係の企業は「能力の輪の外」にあるとして自分の原則を変えることはありませんでした。

投資をするのなら、自分がよく分かる企業でなければならないというのがバフェットの大原則です。ところが、多くの人は「何の企業かよく分からないけれど、みんなが勧めているし、儲かりそうだから」といった理由で投資をしがちです。しかし、それは時に大きなリスクにつながることもあります。投資をするなら、自分がよく知る得意分野に徹底する方がいい。そんな得意分野がいくつかあれば、そこに集中していくつかの企業に投資する。それが投資で勝つ秘訣なのです。

自分が「知らない」分野には手を出すな。「よく知る」ことが成功につながる。

★バフェットのルール

第五章

見るべきは日々の株価ではなく企業の価値

Warren E. Buffett

第1話　「市場は短期的には投票計です。長期的には重量計です」

「スノーボール」上

「株式市場は短期的には投票計、長期的には重量計」は、ウォーレン・バフェットがベンジャミン・グレアムの会社に勤務していた頃、グレアムに教えられた言葉です。市場を的確に表していると、バフェットが頻繁に紹介したことでよく知られた言葉となりました。

2000年のITバブルの崩壊によって多くのIT企業が倒産したり、大勢の社員をリストラするという苦難を経験していますが、当時のトップランナーだったアマゾンも、1年足らずで株価が10分の1以下になるという厳しい洗礼を受けています。

株式市場からも厳しい目を向けられ、「もっと利益を出せ」と改革を迫られ、社員も動揺していましたが、創業者のジェフ・ベゾスは「株式市場は短期的には投票計、長期的には重量計」という言葉を引用して、株価の変動に一喜一憂することなく、自分たちがやるべきことに専念するように呼びかけます。ベゾスはこうも言います。

「株価が30％上がったからといって、頭が30％良くなるわけではない。株価が30％下がったからといって、頭が30％悪くなるわけではない」

たしかに株価が上がったからと、働いている社員が急に利口になるわけではないように、株価が下がったからと馬鹿になるわけではありません。そんな気まぐれな株価に一喜一憂するのではなく、顧客サービスの充実に努め、企業価値を高めればいいというのがベゾスの考え方でした。実際、株価は下がっていても、顧客数など株価以外の事業指標はすべて上向きでした。

「間違っているのは自分たちではなく、株価である」と確信したベゾスは、さらなる顧客サービスの充実に邁進、アマゾンは今日のような巨大企業へと成長することとなったのです。

このように株価と企業価値がぴったり合致することは滅多になく、たいていは乖離があるものです。価値に比べて株価が低いこともあれば、異様に高すぎることもありますバフェットは言います。

「最終的には重さが肝心なのですが、短期的には投票数が重視されます。しかも、まったく非民主的な投票の仕方です」

だからこそ、見るべきは気まぐれな「株価」ではなく、「企業の価値」なのです。

★バフェットのルール

株価に目を奪われると、肝心の価値を見落としてしまう。

第2話

「自分の保有株式の市場価格が20％から30％下落した時に感情的もしくは金銭的に苦しくなるようなら、一般的な株式投資の類には手を出さないことです」

「バフェット伝説の投資家」

株式投資を始めたばかりの人というのは、どうしても自分が買った株の価格が気になって、ついつい株価をチェックしがちです。上がれば嬉しいし、下がれば不安になりますが、下がった時にまるで「この世の終わり」かというほど悲観するようなら、投資などしない方がいいというのがバフェットの考え方です。

投資の世界には「ミスター・マーケット」という厄介な存在がいます。「ミスター・マーケット」というのは。市場の動きにどのように対処したらよいのかを教えるためにベンジャミン・グレアムが創り出した架空の人物です。

グレアムによると、株式市場というのは、情緒不安定なビジネスパートナー「ミスター・マーケット」のようなものです。

ミスター・マーケットは毎日、欠かすことなく会社を売ったり買ったりする値段を提示しにやってきます。

とても親切な存在ではあるのですが、ミスター・マーケットは「矯正不能な感情的問題」を抱えており、時としてやたら上機嫌になり、企業の好ましい要素にしか目がいかず、非常に高い価格をつけることもあれば、時にひどく落ち込んで、企業の暗い見通しばかりを見て、非常に安い価格を付けることもあります。

注意すべきは、ミスター・マーケットが付ける価格は、往々にして企業の真の価値とは大きく離れているということです。そのため、もしその口車に乗ってうっかり売買してしまうと、高すぎる価格で買ったり、安すぎる価格で売って後悔するといった厄介なことになりかねません。

実はウォーレン・バフェットも11歳で初めて株を買った時には、姉のリードをパートナーとしていたため、姉がまるでミスター・マーケットのように株価が下がったといっては攻め立てたことで、株価が上がり、ほんの少しだけの利益が期待できる時に売却しています。しかし、その後、その会社の株は大きく上がり、バフェットは大きな利益を得られるチャンスを失っています。

株価は日々揺れ動くものですが、長い目で見れば、投資した企業の真の価値に近づいていくものです。大切なのは日々の株価の変動に惑わされることなく、生活に支障のない範囲で投資を行うことです。それができれば投資はやがて企業の価値に見合った利益をもたらしてくれるのです。

★バフェットのルール

日々の株価の変動に一喜一憂することなく長い目で取り組もう。

第3話

「オマハの農場を買おうとする時に、毎日、その値段ばかりを見ている人はいません。買値に対して、どれぐらいの生産高が見込めるかというところを見るでしょう」

「バフェットの株主総会」

株式投資で成功したいのなら、「ミスター・マーケット」の気まぐれに付き合ってはいけないというのがウォーレン・バフェットの考え方です。

理由の一つは、ベンジャミン・グレアムも言っていたように、株式投資というのは、単なる紙切れを買うことではなく、企業を所有するつもりでなければならないからです。紙きれのように「上がったら売って儲けよう」と短期での売買をするのではなく、その企業の一部を所有しているかのように長い目で見ることが必要なのです。

バフェットはこうした心得を、14歳の時に1200ドルで購入したオマハの農場を例に挙げながら説明しています。

「オマハの農場を買おうとする時に、毎日、その値段ばかりを見ている人はいません。買値に対して、どれぐらいの生産高が見込めるかというところを見るでしょう」

農地を買ってすぐに売るという、いわば「土地ころがし」を考えているのなら、価格こそが最大の関心事となりますが、そうではなく農場からたくさんの収穫を得たいなら、見るべきはどれだけの生産量が見込めるかです。

一方、そこから得られるものを考慮せずに投資をすると痛い目に遭います。

バフェットは父親の証券会社でブローカーをやっていた頃、友人と一緒にガソリンスタンドを買収します。

隣にはライバルのガソリンスタンドがありました。バフェットは肉体労働は苦手でしたが、それでも笑顔でフロントウィンドウを拭き、新しいお客を集めようと懸命に働きます。しかし、ライバルのガソリンスタンドは長年商売を続けており、たくさんの常連客を抱えていました。バフェットのガソリンスタンドは売上げ、客数ともにいつも負けており、最終的に売却しますが、あとには2000ドルの損失が残りました。

バフェットはガソリンスタンドの価格は見ていたものの、ライバルの持つ信頼や顧客層といった資産以外の価値を軽んじたことで、期待した生産量を得ることができませんでした。当初から「短期での転売目的」なら生産量や価値に目を向ける必要はありませんが、そうでないのなら見るべきは「価格」よりも「価値」なのです。

バフェットは「株を買った後は、たとえ1年や2年、マーケットが閉鎖されようと焦りはしません」と話していますが、それほどにバフェットにとって大切なのは企業の価値であり、価格の変動はさしたる関心事ではありませんでした。

★バフェットのルール

価格ばかりに気を取られて肝心の「価値」を見誤るな。

第4話　「胴元にとって良いことは、顧客にとって良いことではない」

「バフェットからの手紙」

ウォーレン・バフェットはコロンビア大学を卒業後、できればベンジャミン・グレアムの会社で働くことを希望しますが、グレアムはバフェットがユダヤ人でないことを理由に入社を許可しませんでした。バフェットは代わりに父親のバフェット・フォークへの入社を希望します。その際、父親はオマハの一流株式ブローカーとはどんなものかを知るために、地元の名門カークパトリック・ペティス・カンパニーの面接を受けるように勧めます。

面接に臨んだバフェットはスチュワート・カークパトリックに「賢明な顧客が欲しい。物事を理解してくれる人々を探すつもりだ」と話したところ、カークパトリックはこう答えます。

「賢明かどうかは気にしなくていい。金持ちかどうかが重要だ」

バフェットの希望は「尊敬できる人の下で働く」ことです。バフェットはバフェット・フォークに入社、株式ブローカーとしての活動を始めます。証券会社の株式ブローカーである以上、株を売買することで手数料を稼ぐ必要がありますが、バフェットは当時、自分がほれ込んでいたガイコの株を客に勧め、なおかつ「20年ずっと持っているのが一番いい」などと勧めていました。大いなる矛盾です。バフェットは自分が薬剤師になったような気分になり、こんな悩みを口にしていました。

「アスピリンとアナシンの違いも分からない人たちに薬の説明をしなければならなかった。薬を売った量に応じて報酬をもらう。薬によっては報酬の多いものもある。出す薬の量によって報酬が増減する医者の所に、誰が行きたがるだろうか」

株式ブローカーの収入は顧客がどれだけ株の売買をしたかで決まります。にもかかわらず、バフェットは「長く所有する」ことを勧めるわけですから、それでは手数料も入らず、生活できません。会社にとっても厄介な存在です。バフェットは「市場性」や「流動性」といった用語を使って、売買の回転率が高い銘柄を賞賛する証券会社のやり方を「胴元にとって良いことは、顧客にとって良いことではないことを投資家は理解すべきです。あなたの懐を満たすことのできない人間に限って、確信をもってあなたに何かを吹き込もうとするのです」と厳しく批判していますが、この言葉には当時の株式ブローカーとしての苦い経験が影響しています。

バフェットはやがて自分のことを信頼してくれる人たちを中心にパートナーシップをつくり、彼らの資金を運用するようになりますが、そこでは「株式の長期保有」を原則にお互いが利益を手にできる仕組みを大切にするようになります。

★バフェットのルール

株価を見ながらの頻繁な売買と優れた企業の長期保有。
どちらを選ぶかを考えよう。

第5話　「今日の投資家が昨日の増益から利益を得ることはありません」

「バフェットの投資原則」

ウォーレン・バフェットは投資に値する企業を知るために、膨大な数の資料に目を通しています。そうすることで「企業の真の価値」を知り、「株価との差」をつかむためですが、ここで注意したいのはこうした資料を見るだけでは分からない価値もたくさんあるということです。

バフェットによると、年金基金の運用を担当するファンドマネジャーたちは、過去の記録をもとにして投資の是非を判断していますが、それはバフェットによると「バックミラー見ながら車を運転するようなものだ」といいます。

車をバックさせるときにバックミラーを見るのはいいのですが、ここで言う運転は「前に進む」時も見ているという意味です。バフェットのもう1人の師匠と言えるフィリップ・フィッシャーによると、みんなが優れた投資法の鍵を握ると信じ込んでいる財務統計分析は、過去の動きを知り、価格に比べて割安な株を見つけるのには役に立つものの、企業にとって最も大切な「未来の成長可能性」を教えてはくれません。

かつてのバフェットは数字を丹念にチェックすることで、とにかく「割安」な企業ばかりを探していましたが、ガイコやアメリカン・エキスプレスなど将来の成長が確信できる企業に投資するようになります。「過去」を無視するわけではありませんが、それ以上に「未来」を重視するようになったバフェットはこう言っています。

「当たり前の話ですが、今日の投資家が昨日の増益から利益を得ることはありません」

過去にどれほどの利益を上げ、どれほど良い企業であったとしても、変化に対応できなければダメになります。バフェットは1989年、USエアーの株を3億5800万ドルで購入します。長年にわたって高収益を上げてきたことが理由でしたが、その収益は規制のお陰でもたらされたものでした。そのため規制が緩和され、競争が激化することで、高コスト体質が足かせとなり、「こんな投資をするなんて、なんて馬鹿なことをしたんだ」と友人が激怒するほどの失敗を招きます。バフェットはこんな教訓を学びます。

「過去の業績がどんなに素晴らしいものであっても、変化に適応しないでいれば、待ち受けるのは破綻なのです」

過去の業績が素晴らしくとも、新しい投資家たちがそこから利益を得ることはできません。投資に際して見るべきは「株価」ではなく「企業の価値」ですが、その価値は「過去の価値」ではなく、「これからどれだけの価値を生み出すことができるか」でなければならないのです。

★バフェットのルール

「過去の数字」ばかり見るのではなく、「未来の数字」にも目を向けよう。

第6話

「大事なのは、商品そのものが長期間持ちこたえられるかどうかを考えることです。その銘柄を買うべきか売るべきかを延々と考えるよりも、はるかに実りが大きいとは思いませんか」

「バフェットの投資原則」

株式投資を行う時、たいていの人は株価の動きや、市場のトレンドを見ながら、「今は買い時か」「今は売るべきか」を判断しようとしますが、ウォーレン・バフェットはそれよりももっと見るべき点があると指摘しています。

「大事なのは、商品そのものが長期間持ちこたえられるかどうかを考えることです。その銘柄を買うべきか売るべきかを延々と考えるよりも、はるかに実りが大きいとは思いませんか」

バークシャー・ハサウェイにとって投資先としての1位、2位を争うのはアップルやコカ・コーラですが、こうした企業を買う上でバフェットに確信を持たせてくれたのは、間違いなくシーズキャンディーズです。

1971年、シーズが売りに出されていることを知ったバフェットは、同社をカリフォルニアでかなう相手のいない素晴らしい会社であると評価して、2500万ドルで買収します。当時の同社の資産価値は500万ドルです。

バフェットは最初こそ「高い」と感じましたが、資産以外のブランドや名声、顧客、社員や経営者の持つ見えない価値を持つことで、買収に踏み切ることができました。その成果は圧倒的でした。

２０１９年のバークシャー・ハサウェイの株主総会で、バフェットは「２５００万ドル投資して、20億ドル以上の税引き前利益を得た」と同社の貢献の高さを讃えています。そして、この成功体験こそがのちのコカ・コーラへの投資につながったとも話しています。こう言い切りました。

「もしシーズを買っていなかったら、コカ・コーラも買っていなかったでしょう。ですから、この１２０億ドル（コカ・コーラ株で得た利益）について、シーズに感謝しなくてはなりません」

バフェットが投資に際して重視するのは、株価ではなく、その会社が提供するサービスや商品が強い競争力を持ち、長きにわたって人々に必要とされるかどうかです。バフェットにとって、「デイリークイーンのアイスキャンディーが10年後も生き残っている可能性は、どんなアプリケーションソフトが生き残っている可能性よりも高い」ことは、株価が上がるか下がるかよりもはるかにたしかなことなのです。

★バフェットのルール

株価やトレンドより商品やサービスの価値や永続性を注視しろ。

第7話　「喜んで10年間株を持ち続ける気持ちがないのなら、たった10分でも株を持とうなどと考えるべきですらないのです」

「バフェットからの手紙」

ここまで見てきたようにウォーレン・バフェットの投資に対する考え方は、株価の動きなど気にすることなく、本当に優れた企業に投資をして、それをできるだけ長く所有するというものです。

理由の一つは本当に優れた企業というのはそれほど多いわけではないため、たとえばアメリカン・エキスプレスやコカ・コーラといった企業の株を買ったなら、利ザヤを稼ごうと売買を繰り返すのではなく、持ち続ければいいというものです。

バフェットのもう1人の師とも言えるフィリップ・フィッシャーによると、株を売る理由はわずかに3つしかありません。

1、投資対象を選択する時点で判断が誤っていた

成長株を見極めるのは決して簡単ではありません。それだけに時に判断を誤り、しばらくして「ちょっと違うな」と気づくこともあります。この時は素直に間違いを認め、過ちを改めることが大切になります。

2、当初は優れた会社であったものが時の経過とともにかつての輝きを失う

最初はイノベーションを起こすほどの企業であっても、成長し、大企業になるにつれ、組織が官僚化して「平凡な大企業」になることもあります。経営者が変わるとか、

スキャンダルなどによって投資価値が低下した時、売却することもあります。

3、もっと有望な成長株に乗り換える

市場にはみんながはやし立てる有望株が次々と現れますが、決して慌てることなく、よく見極めてから乗り換えることもあります。

フィッシャーも本物の成長株は何十年と所有するタイプですが、バフェットの所有期間は「永久に」というほど長く持つことを前提にしています。バフェットは言います。「花から花へと舞っていては、投資における長期的成功を収めることはできないと私たちは考えます」

株式市場には次々と「有望株」が現れ、派手に売買を繰り返すことで利益を手にする人たちがいるのも事実ですが、バフェットが目指すのは「短期間で金持ちになる」のではなく、「ゆっくりとでも確実に長く金持ちである」ことです。優れた企業を見つけ、ほどほどの価格で買い、長く持ち続けること、これがバフェットの成功のセオリーです。

★バフェットのルール

本当に優れた企業を手に入れたら、できるだけ長く所有しよう。

第六章

投資の世界には「見送り三振はない」と知ろう

Warren E Buffett

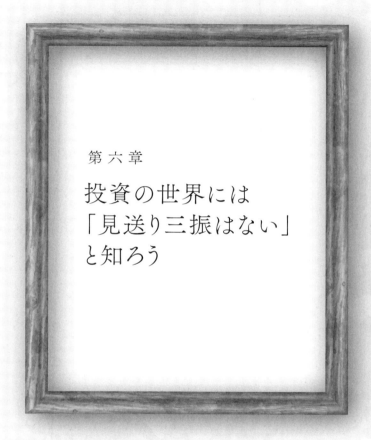

第1話　「投資の世界には、見送り三振がありません」

「ウォーレン・バフェット」

投資を行ううえで頭に入れておきたいことの1つが、一般の投資家はプロの投資家と違って日々頻繁に株の売買をする必要はないし、たとえ専門家が「この株は儲かるよ」と囃し立て、たくさんの人が買いに走ったとしても、自分自身はそこに参加する必要はない、ということです。

1969年、ウォーレン・バフェットはパートナーシップの解散を表明します。パートナーシップは「ウォール街を1人で打ち負かした」というほどの運用実績を上げ続けていましたが、それ以前の「ゴーゴー時代」を含め、バフェットが関心を示す企業、利用できるチャンスは減っていることをバフェットは感じていました。

しかし、パートナーシップを運営し続ける限り、投資は行う必要があります。一方で、投資のチャンスはなく、投資の優れたアイデアもありません。にもかかわらず、無理やりに投資を行うのはバフェットの流儀ではありませんでした。大好きな野球を例に挙げ、こう話しています。

「投資の世界には、見送り三振がありません。投資家は、バットを持ってバッターボックスに立ちます。すると、市場という名のピッチャーがボールをど真ん中に投げ込んできます。たとえば、『ゼネラル・モーターズ株を47ドルでどうだ』という感じで投げてくるのです。もし47ドルで買う決心がつかなければ、バッターはそのチャンスを見送ります。野球であれば、ここで審判が『ストライク』と言いますが、投資の世界では誰も何も言いません。投資家がストライクをとられるのは、空振りした時だけなのです」

たとえば、今の時代であればアメリカの株式市場で大人気なのがエヌピディアやTSMCといった半導体関連企業です。特にエヌピディアは驚くほどの時価総額を記録していますが、その株を買うかどうかは投資家1人1人が判断すればいいだけなのです。多くの人にとってはエヌピディアは「絶対に欲しいいい株」かもしれませんが、だからといって「あなた」にとっても「持つべき株」かどうかは別の話です。

投資家は傍から見てどんな絶好球であっても、気に食わなければバットを振る必要はありません。自分のよく理解できる得意な球、好きな球が来るまで、いつまでも気長に待てばいいのです。「チャンスがないから」と焦って、よく知らない株に手を出すことはリスクにつながるだけです。「投資には見送り三振はないから」と悠然と構えていることも投資の成功には必要なことなのです。

★バフェットのルール

自分にとっての「絶好球」だけに手を出そう。

第2話　「自分は、一生に20回しかパンチを入れてもらえないカードだと考える」

「スノーボール」下

投資で成功するためにはありとあらゆるチャンスを逃すことなく、片っ端からものにしなければならないと考える人もいるようですが、ウォーレン・バフェットはまるで違う考え方をしています。

バフェットは日々の株価変動にほとんど関心を示さないように、持ち込まれる投資案件についてもすべてを検討するわけではありません。不要と思えば、相手の話を最後まで聞くことなしに「ノー」と返事します。関心がないにもかかわらず長々と話を聞いて、最終的に「ノー」では、自分たちの時間もそうですが、相手の時間もムダにするからです。あるいは、どんなにお買い得に見えても、能力の輪の中に入っていなければ、やはりこちらも対象外となります。

「これではみすみすチャンスを逃すことになる」と思うかもしれませんが、バフェットはこう考えています。

「チャーリー（・マンガー）と私はずっと昔に、投資で一生のうち何百回もの賢い決断を行うのは無理だと悟りました。そこで私たちは、賢くなり過ぎず、ほんの何度か賢い決断をするという戦略を選んだのです。現実に私たちは、今では年に一度いい考えが浮かべば良しとしています」

バフェットであれば何百回もの決断をすること自体は難しくはないのでしょうが、そうすることで花から花へと渡り歩くのではなく、本当に価値のある企業が納得のいく価格で買える時期が来るのをじっと待ち、一旦、所有したら可能な限り長く所有する方がはるかに効率が良く、得られるものも大きいということなのでしょう。バフェットは学生たちにもこうアドバイスしています。

「自分は、一生に20回しかパンチを入れてもらえないカードだと考える。財務的な決定一回につき一度のパンチだ。小さなものにちょこちょこ手を出すのは控えるようになる。決定の質が上がり、大きな決定をするようになる」

さほど価値のないことや、やる必要のないことに手を出すのは単なる時間の浪費です。決定の質を高めるためには、小さなこと、つまらないことには初めから手を出さないことが肝要なのです。

小さなチャンスも逃すまいと、動き回るよりも、本物のチャンスが訪れた時にだけ動けばいいというのがバフェットの考え方です。自分に制限をかけること、それは不利に思えて、実は「よく考える」ことにつながるのです。

★バフェットのルール

大切なのは判断の量より質である。

第3話　「チャンスが巡って来た時にだけ、行動するといいでしょう」

「バフェットの投資原則」

投資の世界には洋の東西を問わず、似たような格言があります。

『本間宗久相場三昧伝』にこう書かれています。

「商利運に仕当たる時、先ず大概にいたし、勝に乗らず、唯無難に留まることを工夫すべし。必ず強欲を思わず、無難に手取りして商仕舞に、休むこと第一なり」

欲につられて勝ちに驕っているうちに、相場が下がり、利益が減り、焦りのあまり売るべきところを買ってしまうといったミスをすることがあります。

このように一体どうしたらいいか分からなくなった時には、何を買うか、何を売るかと思い悩んだりするのではなく、思い切って退陣して休戦した方がいいという、言わば「休みの勧め」です。

1929年の大恐慌の引き金を引いたとも言われる「伝説の投機王」ジェシー・リバモアも、「休みなく相場を相手に勝負し、勝ち続けるのは不可能であり、またそうすべきではない」として、生涯に何度も持ち株を現金化して、取引を離れる期間をつくっていました。ずっと相場と付き合えるほど、人間の頭や精神はタフじゃない、というのがリバモアの考え方でした。

「相場道は売り、買い、休みの三筋道」が投資の世界の先達たちに共通するアドバイスです。

ウォーレン・バフェットは「ゴーゴー時代」のあと、パートナーシップを解散して、一時、引退を匂わせたことがありますが、それ以外ははっきりとした「長い休み」を取ったことはありません。では、引っ切りなしに売り買いをしているかというと、そうではありません。バフェットは言います。

「チャンスが巡って来た時にだけ、行動するといいでしょう」

バフェット自身、投資のアイデアが次々と湧いてくる時期もあれば、何も思いつかない時期もあったといいます。もし何か思いついたなら、実行すればいいし、何も思いつかなかったら、無理に動こうとするのではなく、何もせずに次のチャンスを待てばいいというのがバフェットの考え方です。

投資というと、どうしても日々の株価を気にしながら、追い立てられるように売買を繰り返すイメージがありますが、現実にはそれほどたくさんのチャンスが転がっているわけではありません。無理にヒットを打とうとすると、悪球に手を出したり、フォームを崩すことになります。投資では「待つ」こと、「休む」ことも大切なことなのです。

★バフェットのルール

「休む」という決断を恐れるな。人は四六時中勝負できるほどタフではない。

第4話　「先週誰かがやってうまくいったとして、今週自分がやって成功するとは限りません」

「バフェットの投資原則」

ユーチューブなどで「私はこうやって株で大金を手にした」といった内容のものを見て、つい「うらやましいなあ、自分もこの人の真似をしてみよう」と思ったことはないでしょうか。なかには「こうすれば絶対にうまくいく」と自慢げに語る人もいて、つい乗せられる人もいるかもしれません。

ウォーレン・バフェットはこうした衝動にストップをかけています。

「先週誰かがやってうまくいったとして、今週自分がやって成功するとは限りません」

パナソニックの創業者・松下幸之助はかつてある人から山岡荘八の小説『徳川家康』を勧められます。同著はベストセラーとなり、「経営者なら読め」と喧伝されるほど人気の作品でした。しかし、松下は「僕はあかんと思う」と答えます。

理由をこう説明します。

「ためになるからということで読んで、その通りやると、これはえらい失敗をする。松下と家康は違うんだ。家康も僕の通りやったら失敗するだろうし、僕も家康の通りやったら失敗する」

徳川家康など何の役にも立たないと言っているわけではありません。松下によると、経営のコツというのは、ただ1種類しかないわけではなく、人によってみな違います。

「千種も万種もあるよ」が松下の考えであり、さまざまな理論やアドバイスもきちんと耳を傾けるものの、どうするかは自分で考えて決めるというのが松下のスタイルでした。

バフェットも同様です。

バフェットの基本は「自分の頭で考える」であり、「自分がよく知る、理解できる企業に投資する」ことです。時にバフェットのやり方は「時代遅れ」と批判されることもありましたが、「みんなが賛成している」からといって、いつもそれが正しいとは限りません。「みんなと同じ」ではなく、あえて「みんなと違う」ことをするのもバフェットです。但し、そこには「なぜその企業に投資するのか」という確固たる理由があるだけに、周りが何を言おうと、周りがどんな株を買おうと、まるで関係ありませんでした。

成功者に学び、成功者を真似ることが悪いわけではありません。しかし、株式投資の場合、「みんながやっている」「私の言うとおりにやれば絶対に成功できる」というキャッチフレーズは、成功よりも失敗を引き寄せることも少なくありません。打席では振らされるより、自分の意思で振る方がいいのです。

★バフェットのルール

先人に学ぶのはいい、しかし、誰かの真似をしたからと絶対の成功はない。

第5話　「散髪の必要があるかどうかを、床屋に尋ねてはいけません」

「投資参謀マンガー」

ウォーレン・バフェットによると、証券会社などが新しく勢いのある会社や産業を売り込むのは、歴史のあるありきたりの会社や産業を売り込むよりはるかに簡単だからだといいます。たしかに昔からある製造業や流通業などに比べ、最近人気のエヌピディアなどの方がはるかに高い成長率を示していますし、AI向けの半導体で圧倒的なシェアを握っていると言われれば、たいていの人は「欲しい」となるはずです。

1990年代後半、アメリカがITバブルに沸いていた頃、バフェットは人気のIT企業ではなく、古臭い、伝統的な産業への投資を続けていました。IT関連株で大儲けを狙っている人たちから見ると、まさしく「時代遅れの投資家」でしたが、バフェットは一切気にすることはなく、講演で聴衆にこう語りかけます。

「新しい産業を売り込むのは素晴らしいことです。売り込みやすいものですからね。ありきたりの製品に投資するように売り込むのは大変です。部外者には難解な製品を売り込むのはたやすい。損失を伴うものであってもそうです。量的指針がないですから」

バフェットの投資の基本は「自分がしっかりと理解できるもの」であるのに対し、証券会社などが売り込みたがるのは成長性が高いけれども、「どういう会社で、何をつくっているかよく分からないけれども、何だか未来を感じさせる」ものです。そしてそれこそが投資家の意欲をかきたてます。

しかし、2000年にバブルがはじけてみると、もてはやされたIT企業の多くは潰れたり、大量のリストラを行い、株価が急落する憂き目を見たのに対し、バフェットが投資していた「ありきたりの製品」をつくる企業は大きな影響を受けることもなく、「ありきたりの製品」はずっと人々が必要とする製品であり続けました。バフェットは言います。

「散髪の必要があるかどうかを、床屋に尋ねてはいけません」

床屋さんを批判しているわけではありません。しかし、床屋に行って「髪を切った方がいいかな」と尋ねれば、「切った方がいいでしょう」と答えるように、投資に当たって証券会社や投資銀行、あるいはアナリストたちに「どんな株を買ったらいいですか」と聞けば、お客に理解できるかどうか、確実性があるかどうかよりも、自分たちにとって利益の見込める企業の株を勧めます。さらに自分たちの利益のためにも頻繁な売買を勧めてきます。専門家に話を聞くことが悪いというわけではありません。しかし、投資においては最終的には自分で考え、自分で決めることがとても大切なのです。バットを振るかどうかは「自分が決める」ものなのです。

★バフェットのルール

アドバイスを求めるのはいいが、「決めるのは自分」である。

第6話

「跳び越えられるであろう30センチのハードルを探すことに精を傾けたからであり、2メートルのハードルをクリアできる能力があったということではないのです」

「バフェットからの手紙」

ウォーレン・バフェットは誰もが認める「世界一の投資家」ですが、過去には投資で苦い失敗をいくつも経験しています。経営者が優秀だからと、ボルティモアの老舗百貨店のホクスチャイルド・コーンを買収したものの、すぐ近くに競合する3つの百貨店があり、いずれかがエレベーターを設置すると、ほかの3つの百貨店もそれにならい、一つがディスプレイを改装すると、やはりほかの3つもディスプレイを改装するなど、生き残り競争の激しさに翻弄されます。

結果、同社の買収は「楽しかったのは2日だけ。買った日と売った日だ」と相棒のチャーリー・マンガーが嘆くほどの悲惨な結果に終わります。バークシャー・ハサウェイについてもバフェットが心底欲しいと願った企業だけに、バフェットなりに再建の努力をしますが、やはりこちらも祖業である繊維事業は社員を解雇し、機械などを二束三文で売るという結末を迎えています。

こうした経験を通してバフェットが学んだのは、難しい状態にあるビジネスを立て直すのはとても困難だということです。たとえ目先の価格と価値の差が大きくても、ビジネス面で難しいものは、どんなに頑張ったところでやはり難しい。

そんな苦労をするくらいなら、問題のない優れたビジネスをそこそこの金額で買い、優れた経営者に経営を任せることができれば、厄介に安いビジネスを手に入れるよりはるかに楽だし、優れた成果も上げることができます。優れたビジネスを手に入れさえすれば、バフェットは会議を開いたり、細々と指示を出す必要もなく、バークシャー・ハサウェイのオフィスにのんびり座っていることができます。

バフェットは言います。

「跳び越えられるであろう30センチのハードルを探すことに精を傾けたからであり、2メートルのハードルをクリアできる能力があったということではないのです」

野球のバッターの中には、あえて難しい球を打つことにやりがいを感じる人もいますが、投資では問題を抱えた難しいビジネスや、将来が予測しがたい、理解しづらいビジネスにわざわざ投資するようなリスクを冒す必要はありません。株価を見ながら日々売買を繰り返す必要もなければ、たくさんの企業に投資してその管理に追われる必要もありません。2メートルのハードルに挑むのではなく、自分にとって手間のかからない優れた企業を探し、長く持つことで大きな成果が得られるのですから。

★バフェットのルール

困難なビジネスに挑むのではなく、自分にとってたやすいビジネスに挑め。

第7話

「並外れたことをしなくても並外れた業績を達成することはできる」

「ウォーレン・バフェット」

ウォーレン・バフェットの基本は、自分がよく知る「簡単なことをやれ」です。難しい、予測しがたいビジネスにわざわざ投資するようなリスクを冒すよりも、自分がよく知り、理解できる、自分にとって簡単なビジネスに絞って投資すればいいというのがバフェットの考え方です。

しかも投資は野球のように成績を競うわけではありませんから、打率を上げようとヒットを量産する必要もなければ、ホームラン王になろうと、無理に長打を狙う必要もありません。打席に立ったら自分のやり方で、「自分にとっての絶好球」が来た時にだけバットを振ればいいのです。

バフェットの知人にウォルター・シュロスがいます。

バフェットが初めて出席したマーシャル・ウェルズの株主総会に出席していた1人で、ニューヨーク金融協会でグレアムの夜間コースを受講し、グレアム・ニューマン社でも働いたのち、個人で投資を行っています。

その業績はバフェットも驚嘆するほどですが、シュロスは何か特別な情報網を持っているわけではなく、あくまでもグレアムに学んだグレアム流のやり方を忠実に守り続けているだけだといいます。

バフェットによると、シュロスは冊子から必要な数字を探し出し、年次報告書を取り寄せ、「1ドルの価値がある事業を40セントで買えるなら、何か私にとって良いことが起きるかもしれない」と信じて、100以上の銘柄に分散投資を行っています。シュロスはこのやり方を忠実に繰り返すことで素晴らしい運用実績を上げることに成功しています。バフェットはシュロスのことを「われわれはみな、ウォルターの運営スタイルに学ぶべきです」と讃えています。

アップルを創業したスティーブ・ジョブズやテスラのイーロン・マスクを見ていると、並外れた業績には並外れた才能と類まれな情熱が欠かせないと思いがちですが、彼らと同様に並外れた業績を上げているバフェットはこう言い切っています。

「企業経営でも投資でも、私は同じようなことを感じます。並外れたことをしなくても並外れた業績を達成することはできる」

せっかちにならず、原則に忠実にやるべきことをきちんと徹底的に繰り返すことで、人は並外れた業績を上げることができるのです。大切なのは「自分で決めたやり方」を「自分にできる範囲」でしっかりとやっていくことなのです。

★バフェットのルール

自分に合ったやり方を徹底してやり続けよう。

第七章

焦るな、ゆっくりと、しかし長くお金持ちでいよう

Warren E Buffett

第1話

「初めて会った時は、みな小金持ちという感じですが、今は全員が大金持ちです」

「バフェットの投資原則」

アメリカン・ドリームというと、どうしても若くして起業して成功、驚くほどの大金を手にする人たちを思い起こしてしまいます。スティーブ・ジョブズは21歳の時にアップルを起業し、25歳でアップルが株式公開をしたことで、「自力で財を成して億万長者になった史上最年少記録」を打ち立てています。こんな言葉を口にしました。

「23歳の時、資産価値は100万ドルだった。24歳で1000万ドルを超え、25歳で1億ドルを超えてしまった」

ジョブズが億万長者になったのは1980年のことですから、年代が違うため単純に比較することはできませんが、ウォーレン・バフェットが1956年にグレアム・ニューマン社を辞め、オマハに帰った時、26歳のバフェットの推定資産は14万ドルです。これでもバフェットが目指す「35歳で100万ドル」は十分に達成可能な数字でしたが、ジョブズたち起業家と比べればアメリカン・ドリームにはまだ遠い数字と言うほかはありません。

しかし、今やバフェットの資産は1000億ドルを超え、アマゾンやグーグル、フェイスブックの創業者たちと肩を並べるものとなっています。バフェットには「グレアム・ドット村」と呼ぶ、グレアムの影響を受けた投資家たちの仲間がいました。ウォルター・シュロスやトム・ナップなど、それぞれやり方は少しずつ違っても、根底にはグレアム流の理論があり、それぞれが投資で成功しています。

1968年、バフェットはグレアムの門下生に同窓会をやろうと呼びかけます。当初、倹約家のバフェットはホリデイ・インで開こうとしますが、みんなに反対され、サンディエゴ湾に面した、映画「お熱いのがお好き」が撮影されたホテル・デ・コロナドに集まり、2日間、相場について話し合っています。

チャンスの少なさを嘆く声が多かったものの、誰もが成功への道を歩んでいました。バフェットはメンバーについて「初めて会った時は、みな小金持ち」という感じだったが、「今は全員が大金持ち」と感想を口にし、「グレアムのお陰」と感謝します。バフェットたちが行っているグレアムの理論をベースとした投資は派手さはないものの、みんなが確実にお金持ちになることのできるやり方でした。お金持ちになりたいと願う人は多いとはいえ、大切なのは急いで金持ちになるか、ゆっくりとでも確実に金持ちになるかで選ぶ道は変わってきます。

★バフェットのルール

焦らずとも小金持ちを経て大金持ちになる方法はある。

第2話

「まず自分自身が顧客になり、次に他人のために働くべきだ。1日1時間を自分に充てるべきだ」

「スノーボール」上

お金持ちになるためには投資だけに熱中していればいいのかというと、そうではありません。ウォーレン・バフェットがなぜ「オマハの賢人」と呼ばれ、世界中の人たちから尊敬される存在になったかというと、優れた投資実績に加え、その高潔な人柄もあったからです。バフェットは幼い頃から良き習慣を身につけるべく努力していますが、そんな日々があってこそ「幸せなお金持ち」になれるのです。

バフェットがお金持ちになりたいと考えたのは、「自立した人生」を送りたいと考えたからですが、同様の考え方をしていたのが、のちに最良の相棒となるチャーリー・マンガーです。マンガーはミシガン大学に入学、数学を専攻しますが、間もなく太平洋戦争の開戦とともに軍に入隊、カリフォルニア工科大学に気象学を学ぶために出向き、気象予報官として過ごします。

除隊後、ハーバード大学ロースクールに進学、卒業後に弁護士を開業しています。紛れもない秀才です。しかし、弁護士だけに満足できないマンガーは、副業として府ドアさん開発などの投資も手掛けるようになり、やがてバフェットと出会い、ビジネスのパートナーとして活動するようになります。マンガーはお金持ちになりたかった理由をこう話しています。

「フェラーリが欲しかったわけではなく、ただ一本立ちしたかった。心からそれを望んでいたよ」

だからこそ、そのための努力を惜しむことはなく、マンガーは子どもたちから「歩く本」と呼ばれるほど本を読み、学び続けています。バフェットはマンガーのこうした姿勢を高く評価していました。こう言っています。

「マンガーは考えた。『僕にとって一番大事な顧客は誰だろう』と。そしてそれは自分自身だと確信した。そこで、毎日1時間、自分のために働くことにした。早朝にそのための時間を設け、建設や不動産開発の仕事をしたんだ。誰しもこれを見習い、まず自分自身が顧客になり、次に他人のために働くべきだ。1日1時間を自分に充てるべきだ」

投資で成功するためには、自分への投資を怠ることなく、自分磨きをすることが欠かせません。マンガーもそうですが、バフェットも自分への投資を怠らなかったからこそ、投資で素晴らしい成果を上げることができたし、「尊敬されるお金持ち」になることができたのです。

★バフェットのルール

自分への投資を続けてこそ、投資でも成果を上げることができる。

第3話

「今はみじめでも、10年後には良くなるなど
と思って行動してはいけない」

「バフェットの投資原則」

ウォーレン・バフェットは「どういう所で働けばいいでしょうか」という学生たちの質問にいつもこう答えています。

「自分が最も尊敬している人の下で働きなさい」

実際、バフェットはこれまでそうやって生きてきています。

第6章第5話でも触れたように、コロンビア大学を卒業したバフェットは当初、ベンジャミン・グレアムの会社グレアム・ニューマンで働くことを希望します。バフェットはグレアムの愛弟子とも言える存在で、ただ1人A＋の成績をもらい、グレアムもバフェットを高く評価していました。しかし、バフェットの「無給でもいい」という願いにもかかわらず、「ユダヤ人だけを雇っている」という理由で叶えられませんでした。

当時からバフェットの考えは「尊敬できる人の下で働く」であり、代わりにバフェットが選んだのが父親の証券会社でした。父親は地元の名門証券会社を勧めますが、その会社の方針はバフェットの考えとは相いれないものでした。そして父親の会社で働きながらグレアムの会社で働くために懸命に活動します。ニューヨークに出かけるたびに、グレアムに会おうとしていますし、株に関するアイデアを頻繁に書き送ってもいます。

1954年、その願いが叶い、バフェットはグレアムの会社に正式に入社します。

入社にあたり、バフェットは給料の額さえ聞くことはありませんでした。実際に給与を貰って初めてその額を知ったというのですから、バフェットにとっていかに「グレアムの下で働く」ことが重要だったかが分かります。早くから株式投資によってそれなりのお金を稼いでいましたし、お金よりも尊敬する人の所で働き、大好きな仕事をすることこそがバフェットにとって「大切で、正しいこと」だったのです。バフェットは言います。

「自分が学ぶべきものを持っている人が周囲にいて、かつその組織に馴染むことができれば、良い結果は自ずとついてくるでしょう。今はみじめでも、10年後には良くなるなどと思って行動してはいけない。今楽しめないものを、10年後に楽しむなんてことができるでしょうか。たぶん無理でしょう」

人生には修行も必要ですし、忍耐も必要ですが、もしそこに尊敬できる人が誰もおらず、かつ自分にとって好きでもない仕事を我慢してやっているとすれば、それは辛いことです。大切なのは、自分の好きなこと、得意なことをやることです。そこでも我慢や忍耐が必要ですし、時に失敗もあるでしょうが、それらはすべて将来への飛躍を可能にしてくれるものとなるはずです。

★バフェットのルール

できるだけ早くから尊敬できる人の下で、好きなことをやろう。

第4話

「自分を信頼してくれる人をどんどん厄介払いしたら、さぞかし嫌な気分になることでしょう」

「ウォーレン・バフェット」

ウォーレン・バフェットは世界一の投資家と呼ばれ、世界有数の資産家です。そのため投資先であり、のちに暫定会長にも就任したソロモン・ブラザーズの社員の報酬を削減しようとした時に、彼らから「お金が大好きな金持ちが、なぜ自分たちを強欲と非難するのか」といった趣旨の批判を浴びたこともあります。

たしかにどちらも大金を手にするという点では同じかもしれませんが、バフェットと彼らの違いは、ウォール街の住人が金を稼ぐために手段を選ばないのに対し、バフェットはお金のために誰かを犠牲にすることを極端に嫌い、そんなやり方で大金を手にしたいとは考えなかったことです。

相棒のチャーリー・マンガーによると、バフェットは「わざと金儲けを抑えてきた」といいます。投資リターンを冷徹に計算して、関係してくる人間のことなど考えずに、所有する会社を売買することもできたし、買収の帝王になることもできたにもかかわらず、バフェットはこうしたやり方をすることは一度もありませんでした。「ウォーレンは競争力は強くても、道義心のないむき出しの力を誇示したことは一度もなかった」というのがマンガーのバフェット評であり、「だからこそ、ウォーレンの人生はうまくいった」と話しています。

なかでもバフェットが大切にしたのが「人と人とのつながり」です。バフェットは「尊敬できる人の下で働く」ことを何より重視したように、仕事をする相手も選び抜いています。こう話しています。

「好ましく、かつ尊敬できる人物としか仕事をしない。胃がむかむかするような人々と仕事をするのは、金目当てに結婚するようなものです」

一緒に働くなら尊敬できる人、信頼に足る人たちと働く。自分の価値を認めてくれない人や、扱いにくい人とは決して取引をしない。優れた人と付き合えば、自分も向上できるのに対し、くだらない人と付き合うと、自分も滑り落ちていくことになる。バフェットは投資先を選ぶように、付き合う人たちも慎重に選ぶことで、人生を価値あるものとします。そのうえで、「みなさんが苦しむ時は私たちも苦しみ、私たちが利益を謳歌する時は皆さんも同様に謳歌しているのです」とバークシャー・ハサウェイの株主に話しているように、一旦、自分を信頼してくれた人に関しては「お金のために」と厄介払いすることはしないというのがバフェットの人との付き合い方でした。信頼はそこから生まれます。

★バフェットのルール

信頼する人を「お金のため」だからと厄介払いするような付き合い方はするな。

第5話　「10年、20年、30年後の頭脳と肉体の働き具合が、それで決まるんだよ」

「スノーボール」下

ウォーレン・バフェットは1930年8月生まれですから現在、94歳です。そして今でも変わることなくバークシャー・ハサウェイの経営に関わり、株主総会では数時間に及ぶ株主との質疑応答もこなしています。多くの高齢者にとって寿命と健康寿命にはズレがあり、年をとればどうしても病気になりがちですし、認知症などの問題も起きるわけですが、バフェットの場合は変わらず健康で職務をこなす、まさに「驚異の90代」と言えます。

1990年代、70代の頃に、その秘密の一端を明かしています。こんな趣旨です。バフェットが16歳の時、精霊が目の前に現れて、「ウォーレン、何でも好きな自動車をあげよう。明日の朝には、大きなリボンをかけた自動車がここにあるはずだよ。新車で、すっかり君のものだ」と伝えます。

とても嬉しい話ですが、そこには1つだけ条件が付いていました。それはその車は一生で最後に手に入れる車であり、人生の最後まで乗り続けることになるものでした。では、貰った車をどうするか、というのがバフェットの問いです。

バフェットによると、取扱説明書を何度も読み、車はずっとガレージにしまっておき、へこみや擦り傷ができたら、すぐに直します。一生乗り続けるのなら、とても大切にします。こう続けます。

「頭脳と肉体に関して、みんなはそれと同じ状態にあるんだ。頭脳も肉体も1つしかない。それを一生使わなければならない。ただ長い間、乗り回すだけなら楽なものだ。しかし、頭脳も身体も大切にしないと、40年後に自動車と同じようにぼろぼろになる。それが今から、今日から、やらなければならないことだ。10年、20年、30年後の頭脳と肉体の働き具合が、それで決まるんだよ」

バフェットは1日にチェリー・コークを5本も飲み、「もしも私がブロッコリーと芽キャベツだけを食べていたら、こんなに長生きできていなかっただろう」と言うほど、好き嫌いの多い人ですが、にもかかわらず、「もし人生を謳歌することで長寿が促進されるとすれば、メトセラ（旧約聖書に登場する「ノアの箱舟」のノアの祖父。969歳まで生きたと言われている）の記録さえ破れそうな勢いです」と言うほど「長生き」に強い意欲を示しています。

いくらお金があっても健康を損なっては意味がありません。長くお金持ちでいるためにはバフェットの言うように頭脳と肉体を大切にすることが必要なのです。

★バフェットのルール

健康であってこそ豊かな人生を長く楽しむことができる。

第6話　「名声を打ち立てるには一生かかるが、台無しにするには5分とかからない」

「スノーボール」下

どんな有名人であっても1つのスキャンダルによってその名声がすべて奪われることがあります。有名な大企業も1つの不祥事が命取りになり、経営陣が辞任に追い込まれたり、業績不振に陥るというのもよくあることです。

ウォーレン・バフェットの名声は、長い時間をかけて打ち立てられています。

1968年、「フォーブス」が「オマハはいかにしてウォール街を打ち負かしたか」という見出しでバフェットの類まれな業績を讃えます。57年のパートナーシップ設立以来、12年間、一度も損失を出すことなく、年31%の複利で成長したバフェット・パートナーシップが大きく取り上げられたことで、バフェットは投資の世界の有名人となり、やがてワシントン・ポストやソロモン・ブラザーズの取締役という栄誉も手にしています。

そんなバフェットにとって、国債の不正入札で存亡の危機に立ったソロモン・ブラザーズの立て直しのために先頭に立つ（暫定会長に就任）ことは、失敗すれば長年かけて築き上げた名声が地に落ちることを意味していました。バフェットは言います。

「名声を打ち立てるには一生かかるが、台無しにするには5分とかからない」

この時、バフェットはトップとして「逃げ隠れはできないし、身を縮めることもできない」と覚悟して、何ひとつ隠し立てしないという新しい文化を持ち込むことで、見事に再建しますが、同時に、ウォール街の文化に染まった社員たちにも次のような教訓を何度も繰り返します。

「会社のために働いて損害を出すのは理解できます。しかし、会社の評判を少しでも損ねたら容赦しません」

「私は、従業員に、家族や友人が読む朝刊の一面を賑わすような事件に加担できるかということを考えて欲しい」

どれほどすごい業績を上げる企業でも、消費者の信頼を損ねるような不祥事を起こしたら、その信頼を回復するのは容易ではありません。それどころか、消費者の信頼を傷づけた行為は、その企業にとって「生涯消えないパンチになる」という人がいるほど、深い傷になります。そんな「名声のもろさ」を知るからこそ、バフェットは信頼や名声というのは絶対に傷つけてはならないものだと考えていました。

失ったお金は取り戻すことができるが、失った信頼は二度と取り戻すことができないものです。バフェットにとって信頼や名声はお金以上に大切なものであり、それができたからこそバフェットは尊敬されるお金持ちになることができたのです。

★バフェットのルール

信頼や名声にはお金では買えない価値がある。

第7話

「愛してほしいと思っている人間のうち、どれほどの人間に実際に愛してもらっているかどうかか、人生の成功の度合いを本当に測る物差しになる」

「スノーボール」下

人生の成功を測る物差しがあるとすれば、その基準は何になるのでしょうか。スティーブ・ジョブズとともにアップルを創業したスティーブ・ウォズニアックは「人生でどれだけ笑えるか」が尺度になると話していましたが、ウォーレン・バフェットは「愛」こそが物差しになると考えていました。

あるパーティーに出席したバフェットの所にほろ酔い加減の女性が近づいてきて、こうささやいたことがあります。

「あら、すごーい。お金がたくさん成る木が歩いてるわ」

これが褒め言葉かどうかは判断に苦しむところですが、少なくともバフェットは世界有数の資産家としてたくさんの人々から羨望の眼差し、好奇の目で見られていたということはたしかです。そして人によってはバフェットが稼いだ莫大なお金は紛れもなく「成功」を意味するものでした。

一方、バフェットはその女性が去った後、記者にこう語りました。

「稼いだ額の大きさで自分の人生を測るつもりはありません。そうする人もいるでしょうが、私自身は絶対にしません」

いくら稼ぐかを成功の尺度にすると、いつか厄介な問題に巻き込まれるというのがバフェットの考え方です。それよりも大切な尺度は、周りの人から愛されているかどうかというのがバフェットの尺度です。こう話しています。

「愛してほしいと思っている人間のうち、どれほどの人間に実際に愛してもらっているかどうかか、人生の成功の度合いを本当に測る物差しになる」

バフェットによると、同じくらいの歳の人で、歳を取った時、家族や仕事仲間など自分の周りに自分を愛してくれる人がいる人は例外なく「人生は成功だった」と言うのに対し、自分の名前の付いた学校や病院を持つにもかかわらず、誰もその人のことを気にも留めず、そして本人もそのことを知っている人は「人生のすべてが空しくなってしまう」といいます。

「アメリカ初の億万長者」と呼ばれたジャン・ポール・ゲティは石油開発で莫大な富を手にしたものの、身内の不幸もあり、その葬儀は「見たこともない悲しい光景だった」と言われていますが、幸せなお金持ちであるためには、人を愛し、人に愛されることがとても大切なことなのです。

★バフェットのルール

人生の成功をお金だけで測ってはならない。

第八章

「儲けた金には損がついて回る」と心得よ

Warren E Buffett

第1話

「辛抱強さや冷静さは、知能指数よりも重要かもしれないと私は思っています」

「ウォーレン・バフェット」

投資で成功するためには、どのような能力が必要なのでしょうか。

ウォーレン・バフェットは次の4つを挙げています。
1、財務会計や簿記の知識。企業の活動を知り、財務諸表を読みこなすことができるだけの知識
2、ある程度の情熱
3、辛抱強さ
4、冷静さ
なかでも大切なのが、最後の2つだとバフェットは強調しています。こう話していま す。

「辛抱強さや冷静さは、知能指数よりも重要かもしれないと私は思っています」

バフェットによると、投資の世界にはIQが160を超えるような天才がたくさんいます。では、そうした人たちが必ず成功するかというと、そうではありません。反対にIQはそこまで高くなくとも、辛抱強くチャンスを待ち、どんな時にも冷静に判断できる人の方がはるかに好成績を上げることができます。

なぜ知識や知能指数以上に辛抱強さや冷静さが大切かというと、株式市場は時に集団

ヒステリーに襲われることがあり、その時に他の人と一緒になってレミングのようになるか、それとも自分の判断に忠実に孤高を守ることができるかどうかで、投資の成果は大きく左右されるからです。

賢明なる投資家になるためには、株式市場に周期的に訪れる熱狂や恐怖に巻き込まれないだけの冷静さ、そして辛抱強さが欠かせません。たとえどれほど優秀な頭脳を持っていても、熱狂に巻き込まれてしまうと、間違った判断をすることになるし、恐怖におののくと、やはり売るべきではない時に売るという大きな失敗をすることになります。

これではせっかく手にした儲けを失うことになるし、本来、得られたはずの儲けを掴み損なうことになってしまいます。だからこそ、辛抱強さや冷静さが大切であり、これがあれば時折市場を襲う集団ヒステリーの悪影響を避けることができるというのがバフェットの考え方です。

儲けたお金がきちんと利益になるか、それとも損になるかを決めるのは知識や知能指数以上に人としてどこまで辛抱強くいられるか、冷静でいられるかによるというのがバフェットの見方です。

★バフェットのルール

投資の成功には辛抱強さと冷静さが欠かせない。

第2話

「投資家に損害を与えるのはアメリカではないだろう。それは投資家自身であるはずだ」

「株主総会実況中継」

投資で思うような成果が出ない時、気まぐれな株式市場のせいにしたことはないでしょうか。あるいは、自分に「この株は絶対に儲かります」と勧めた証券会社などのせいにしたことはありませんか。たしかにそれも1つの理由かもしれませんが、本気で投資で勝ちたいのなら、原因は「外」ではなく「内」に求めた方がいいかもしれません。

世界大恐慌の引き金を引いたと言われる「世紀の相場師」ジェシー・リバモアがこんな言葉を遺しています。

「市場は常に正しい。それに対し人間は、しばしば誤った予想を抱き、進む道を踏み誤る」

投資で敗北した人は、たいていの場合、外に敗北の理由を見つけようとします。たとえば、バブルの崩壊やリーマンショックなど、自分の力ではいかんともしがたい何かが敗北を引き寄せたと考えようとします。たしかに一つの原因ではあるかもしれませんが、実際には投資には人間の心理が大きく影響します。期待通りの利益が出ているにもかかわらず、「もっと儲けたい」という欲に負けてさらに突っ込んだところ、株価が下がって利益どころか損失を被ることがあります。

あるいは、思わぬ損失に我を忘れ、損失を取り戻そうとさらに突っ込んだ結果、大敗を喫することもあります。そんな相場を相手に長年にわたって戦い続けたリバモアは言います。

「相場に勝つ必要はありません。勝たなければならない相手は私自身、自分の中の感情の起伏です」

ウォーレン・バフェットによると、アメリカの景気は大恐慌や第二次世界大戦、リーマンショックやコロナ禍など幾度ものマイナスがあったにもかかわらず、ダウ平均は20世紀の間に66ドルから1万ドルへと上昇しています。つまり、長い目で見れば、優れた企業に投資して、長く持ち続ければ利益を得られるのがアメリカという国なのに、投資で失敗する人が多いのは、「アメリカの責任」ではなく、「投資家自身の問題」というのがバフェットの見方です。

失敗の理由は、投資家自身の①理解していない株に投資する、②借金に頼って投資する ― のほかに、③長期保有ではなく、短期の売買を繰り返す―などではないでしょうか。投資で利益を手にするか、損失を出すかは、多分に投資家自身の冷静さや欲をコントロールする力で決まってくるのです。

★バフェットのルール

勝つべきは市場ではなく自分自身の欲である。

第3話　「バークシャー全体の約3万3000人の従業員のうち、本社にいるのはたった12人なのです」

「バフェットからの手紙」

ウォーレン・バフェットは、車のナンバープレートに「倹約（Thrifty）」といれるほど、「倹約」という言葉が大好きです。もちろん自分の私生活においては、第一章でも触れたように「複利式の考え方」を適用することで消費をできるだけ先延ばししようとしていますし、その他の面でも贅沢を嫌っています。

それは投資についても同様です。

バークシャー・ハサウェイがサンフランシスコの銀行ウェルズ・ファーゴの株式を7％保有していた時、幹部の1人がオフィスにクリスマス・ツリーを飾りたいと言い出しました。その話を聞いたCEOのカール・ライチャートは飾ることを拒否しなかったものの、「それほど欲しいのならポケットマネーで買うように」と命じたといいます。その話を聞いたバフェットとチャーリー・マンガーは即座に同行の株を買い増しするという決断をしたといいますから、いかにバフェットが倹約の精神を重んじているかがよく分かります。

バッファロー・イブニング・ニュースを買収した際も、同社のこぎれいなオフィスや印刷工場を目にしたチャーリー・マンガーはこんな感想を口にします。

「新聞社が新聞を発行するために、なんで宮殿が必要なんだい」

バフェットも同様の感想を持ったらしく、有名な建築家の手によるその建物を「タージマハル」と呼んでいました。日本でもそうですが、ものを生産する工場と、管理部門が入る本社ビルのどちらにお金をかけるかというと、本来は工場にこそお金をかけるべきなのに、それをせず本社ばかりが立派な企業には疑問符が付きます。質素倹約を重んじるバフェットにとって、実用的とは言えない建物に莫大なお金をかけることはムダ以外の何物でもありませんでした。

バフェットにとってコストの削減や倹約は、人が朝起きて顔を洗うことと同じようなものでした。実際、バークシャー・ハサウェイの経費はとても低く抑えられており、マンガーによると、それは同業他社の平均の250分の1程度でした。本社にいる人間も「バークシャー全体の約3万3000人の従業員のうち、本社にいるのはたった12人なのです」と言うように、バフェットは「倹約の精神」を語るだけではなく、自ら実践することでグループ各社に範を示していました。

お金は稼ぐよりも使う方が難しいと言われますが、ここまで徹底してこそムダを省いたお金の使い方ができるようになるのです。

★バフェットのルール

「倹約」を特別のものではなく当たり前のものにしよう。

第4話　「月給1ドルでやります」

「スノーボール」下

ウォーレン・バフェットは世界有数の資産家ですが、その資産のほとんどは投資によって築かれ、バークシャー・ハサウェイの株式として所有しています。バークシャー・ハサウェイほどの巨大企業であれば、普通はトップは莫大な報酬を手にするものですが、バフェットは年間10万ドルの報酬しか得ていません。

1990年代半ば、バフェットはこんなことを話しています。

「バークシャーの取締役は昨年、合計で100ポンドの減量に成功しました。少ない役員報酬で生活していこうと努力した成果に違いありません」

2人のトップマネジャーのグレッグ・アベルと、アジット・ジェインはそれなりに貰っていますが、14人の取締役は、電話での取締役会は300ドル、直接会っての取締役会は800ドルです。

S&P500社の役員の平均年間報酬の25万ドルと比べれば驚くほど低い金額となります。それでも多くの取締役にとって、バフェットと一緒に仕事をするのはとても名誉なことですし、バークシャーの取締役には何者にも代えがたい満足感があるようです。

そしてバフェット自身、年間10万ドルという、極めて少ない報酬しか得ていません。こう言うと、「バフェットはお金持ちだから」と言う人がいますが、アメリカにはお金持ちでも莫大な報酬を得ている人は少なくありませんし、企業の業績に関わりなく報酬だけはしっかり手にする人も少なくありません。もちろん現実にはバークシャーの取締役もバフェットもこの報酬だけで暮らすわけではありませんが、上に立つ人間が「強欲」とかけ離れた報酬しか手にしなければ、会社が「強欲」な文化に包まれることはありません。

バフェットは1991年、「強欲」ゆえに経営危機に陥ったソロモン・ブラザーズの暫定会長に就任しています。バフェットが最初の記者会見に臨んだ時、記者たちは野獣のように質問を浴びせますが、バフェットは分かっていることを正直に話し、会見を途中で打ち切ることもなく、一時間以上にわたって質疑応答を行います。

さらに記者たちが「報酬はどれくらいか」と質問すると、バフェットは「月給1ドルでやります」と言って、記者や取締役たちを驚かせます。それはウォール街の常識とはかけ離れた金額でした。ここまでの姿勢を示されると記者たちは追及のしようがなくなり、会見は終了します。「自分さえ良ければ」という「強欲」は時に恨みや嫉妬を引き起こすのに対し、私的な欲を抑えた自制心は尊敬を集め、さらなる利益をもたらすことがあるものです。

★バフェットのルール

「自分さえ良ければ」という欲はできるだけ抑えよう。

第5話

「ピラミッド建設用に石を運ぶ人々に雇用を与えるのは素晴らしいことだと考える人々もいます。その連中は間違いを犯しています。そういう人々は、投入するものだけを考え、生み出されるものについて考えていません」

「スノーボール」下

「お金を稼ぐのは簡単です。むしろ使う方が難しいと思います」がウォーレン・バフェットの基本的な考え方です。もちろん多くの人にとって「お金を稼ぐ」ことはそれほど簡単ではなく大変なことなのですが、バフェットやマイクロソフトの創業者ビル・ゲイツにとっては、手にした大金をどう使うかこそが大問題でした。

大金を手にして「お金持ちの生活を満喫する」こともできるわけですが、たとえばビル・ゲイツは「自分たちのためだけに使うのはただの消費」であると考えていました。そうではなく富を自分たちの目的のためだけに使うのではなく、恵まれない人たちのために使ってこそ価値があるとして設立したのが、のちにバフェットも莫大な金額を寄付することになるビル&メリンダ・ゲイツ財団でした。

バフェットも「自分のためだけにお金を使う」ことに対して否定的な見方をしていました。オマハの伝説的人物ピーター・キューイットが亡くなった時、バフェットは「オマハ・ワールド・ヘラルド」に追悼文を載せていますが、そこでバフェットが讃えたのは、キューイットがどこまでも生産者であり、消費者ではなかったこと、利益を会社の所有者の贅沢のためではなく、会社の能力の向上に使ったことでした。

バフェットは言います。

「ピラミッド建設用に石を運ぶ人々に雇用を与えるのは素晴らしいことだと考える人々もいます。その連中は間違いを犯しています。そういう人々は、投入するものだけを考え、生み出されるものについて考えていません」

ピラミッドに関しては、当時は一種の公共事業であり、働く人たちに食料や給料を支払ったと言われていますし、今日では貴重な観光資源としての価値を持っていますが、建設当時はやはり権威の誇示であり、ピラミッドが新しい何かを生み出すわけではありませんでした。バフェットはこの「何も生み出さない」ことに疑問を感じていました。

バフェットによると、お金があれば、1万人のひとを雇って、自画像をかかせることもできるし、自分のためのピラミッドをつくることもできますが、それらは社会に何の貢献もしません。それは利口な使い方とは言えません。お金は、自らの贅沢のためではなく、社会のために貢献し、社会をより良く変えていくことのために使ってこそ価値がある、というのがバフェットの考え方でした。

★バフェットのルール

お金は「浪費」や「自分のためだけの消費」ではなく「社会のため」も考えて使おう。

第6話

「ネブラスカのフットボールチームの選手は、父親が花形クォーターバックだったからといって、最初からクォーターバックのポジションを相続することはできない」

「スノーボール」下

「親ガチャ」という言い方があるように、親がお金持ちかどうか、有名人かどうかは子どもの教育などに大きな影響を与えると考えられています。できるなら恵まれた環境に生まれたいというのが子どもたちの本音なのかもしれません。

2005年、バフェットの母校であるネブラスカ大学経営学部で、バフェットとビル・ゲイツが学生との「公開対話」に臨んだ際、学生からの「お子さんにどのようにして正しい価値観を教えていますか?」と問われたバフェットはこう答えています。

「うちの子どもたちは、私が金持ちとは思っていませんでした。実際、最初はそうではありませんでしたからね。そこそこ儲かってからも同じ家(1957年にオマハに買った3万1500ドルの家)で暮らしていました。子どもたちが知っているのは、この家だけで、学校も公立に通わせました。子どもたちは私が何の仕事をしているかも知らなかったんです。私も、うまく説明できませんでしたしね」

実際、バフェットは大変なお金持ちでありながら、子どもたちに贅沢な暮らしをさせることはありませんでした。ある時、バフェット・グループの会合で、バフェットが子どもたちにはクリスマスごとに数千ドルを与え、死んだときには50万ドルずつ渡すつもりだと話したところ、「ワシントン・ポスト」の社主キャサリン・グラハムは「子どもたちを愛していないの」と涙を流して聞いたという話があるほどです。

バフェットにとって50万ドルというのは、「やりたいことを始めるには十分だが、何もしなかったら暮らせない額」です。娘のスーザン・アリスが家を改装するための資金3万ドルを貸してくれるように頼んだ時も、バフェットは「銀行に頼んだらいいだろう」と突き放し、こう付け加えました。

「ネブラスカのフットボールチームの選手は、父親が花形クォーターバックだったからといって、最初からクォーターバックのポジションを相続することはできない」

バフェットは「子どもたちの味方」ではあっても、一生遊んで暮らせるようなお金を与えるつもりはありませんでした。「うちの子どもたちは、自分の居場所は自分で切り開く」というのがバフェットの願いでした。

成功者の中には所有する株式を子どもたちにすべて相続させることで、「世界一裕福な家族」を目指す人もいますが、バフェットにとってお金は社会からの預かりものであり、自分たちだけで未来永劫独占するものではありませんでした。

★バフェットのルール

子どもは過度に甘やかすことなく自立させよう。

第7話　「私はずっと、お金は社会に返さなければならない預かり証だと思っていました」

「スノーボール」下

アメリカには、お金持ちは手にしたお金を自分たちのためだけでなく、貧しい人や社会のために使う義務があるという「善き伝統」があります。この伝統をアメリカに根付かせたのが「鉄鋼王」アンドリュー・カーネギーです。

カーネギーは1848年に一家で渡米、12歳から働き始めて、やがて鉄鋼業に進出して莫大な富を築いています。そして「余剰の富は活用を任された信託財産だ」という哲学の下、たくさんの慈善事業に力を入れたことで知られています。

米国史上最も莫大な富を築いたと言われるジョン・ロックフェラーも前半生は石油市場を独占し、「潰し屋」「追いはぎ貴族」「同時代最悪の犯罪者」と酷評されますが、人生の後半ではシカゴ大学やロックフェラー大学の設立など多くの慈善事業に励んでいます。

こうした善き伝統を受け継ぎ、実践したのがビル・ゲイツやウォーレン・バフェットです。バフェットは幼い頃から「お金を増やす」ことに強い関心があり、素晴らしい成果を上げていますが、「お金を使う」ことにはほとんど関心がなく、代わりにゲイツの財団に莫大な寄付をしています。理由はこうです。

「私はずっと、お金は社会に返さなければならない預かり証だと思っていました。世代を超えた富の継承には、乗り気ではありません」

たしかにバフェットは投資の才能に溢れていますが、もしアメリカ以外の国、たとえば発展途上国の小さな村などに生まれたとしたら、そうした才能が見出されることも花開くこともなかったはずです。

バフェットは自らの成功は「生まれた場所と時期が素晴らしかった」という運によるものだと話しています。教育熱心な親に恵まれ、尊敬すべき人たちと出会い、自分を信頼してくれる人たちに囲まれ、自分の大好きな仕事をすることができた結果が世界有数の資産につながっています。

そのことを自覚し、感謝しているからこそ、バフェットは「1％対99％」と言われる、99％の人たちのために何かをすることが必要だと考えています。「幸運な1％として生まれた人間には、残りの99％の人間のことを考える義務があります」と考えるバフェットは、手にした莫大な富のほとんどをゲイツの財団に寄付するとともに、アメリカにおける税制の不公平を正すべきだという考えも発表しています。

バフェットは「お金を稼ぐ」天才ですが、「お金の正しい使い方」をいつも真摯に考えていました。お金は稼ぐ以上にどう使うかが難しく、それがその人の評価につながるのです。

★バフェットのルール

「お金の正しい使い方」は「お金を稼ぐ」以上に真剣に考えよう。

『バフェットの株主総会』ジェフ・マシューズ著、黒輪篤嗣訳、エクスナレッジ
『ウォーレン・バフェット　―　自分を信じる者が勝つ！』ジャネット・ロウ著、平野誠一訳、ダイヤモンド社
『投資参謀マンガー　―　世界一の投資家バフェットを陰で支えた男』ジャネット・ロウ著、増沢和美訳、パンローリング
『ビジネスは人なり　投資は価値なり』ロジャー・ローウェンスタイン著、株式会社ビジネスバンク役、総合法令出版
『最高経営責任者バフェット　―　あなたも「世界最高のボス」になれる』ロバート・P・マイルズ著、木村規子著、パンローリング
『賢明なる投資家　―　割安株の見つけ方とバリュー投資を成功させる方法』ベンジャミン・グレアム著、土光篤洋・増沢和美・新見美葉訳、パンローリング
『バフェット合衆国　―　世界最強バークシャー・ハサウェイの舞台裏』ロナルド・W・チャン著、船木麻里訳、パンローリング
『フィッシャーの「超」成長株投資』フィリップ・A・フィッシャー著、荒井拓也・高田有現・武田浩美訳、フォレスト出版
『ウォーレン・バフェット成功の名語録』桑原晃弥著、PHPビジネス新書
週刊投資金融情報誌「日経ヴェリタス」第１９４号

「バフェット」参考文献

『スノーボール　ー　ウォーレン・バフェット伝』（上・下）アリス・シュローダー著、伏見威蕃訳、日本経済新聞出版社
『バフェットの投資原則　―　世界No1投資家は何を考え、いかに行動してきたか』ジャネット・ロウ著、平野誠一訳、ダイヤモンド社
『ウォーレン・バフェット　華麗なる流儀　―　現代版「カサンドラ」の運命を変えた日』ジャネット・タバリコ著、牧野洋訳、東洋経済新報社
『バフェット＆ゲイツ　後輩と語る　―　学生からの２１の質問』センゲージラーニング　同友館
『バフェットからの手紙　―　世界一の投資家が観たこれから伸びる会社、滅びる会社』ローレンス・A・カニンガム著、増沢浩一監訳、パンローリング
『バフェットからの手紙　―　世界一の投資家が観たこれから伸びる会社、滅びる会社』第４版　ローレンス・A・カニンガム著、長尾慎太郎監修、増沢浩一・藤原康史・井田京子訳、パンローリング
『バフェットからの手紙　―　世界一の投資家が観たこれから伸びる会社、滅びる会社』第５版　ローレンス・A・カニンガム著、長岡半太郎監修、増沢浩一・藤原康史・井田京子訳、パンローリング

【著者】

桑原晃弥

1956年、広島県生まれ。経済・経営ジャーナリスト。慶應義塾大学卒。業界紙 記者などを経てフリージャーナリストとして独立。トヨタ式の普及で有名な若松 義人氏の会社の顧問として、トヨタ式の実践現場や、大野耐一氏直系のトヨタマ ンを幅広く取材、トヨタ式の書籍やテキストなどの制作を主導した。一方でス ティーブ・ジョブズやジェフ・ベゾスなどのIT企業の創業者や、本田宗一郎、松下幸之助など成功した起業家の研究をライフワークとし、人材育成から成功法 まで鋭い発信を続けている。著書に『ウォーレン・バフェットの「仕事と人生を豊かにする8つの哲学」』(KADOKAWA)、『ウォーレン・バフェット　賢者の名言365』(かや書房)、『トヨタ式「すぐやる人」になれる8つのすごい！」仕事術』(笠倉出版社)『世界最強の現場力を学ぶ トヨタのPDCA 』(ビジネス教育出版社)などがある。

ウォーレン・バフェットに学ぶ
ゆっくりと着実にお金持ちになる56のルール

2024年10月20日　初版第1刷発行

著　者　桑　原　晃　弥

発行者　延　對　寺　哲

発行所　株式会社 ビジネス教育出版社

〒102-0074　東京都千代田区九段南4-7-13
TEL 03(3221)5361(代表)／FAX 03(3222)7878
E-mail ▶ info@bks.co.jp　URL ▶ https://www.bks.co.jp

印刷・製本／モリモト印刷株式会社
ブックカバーデザイン／飯田理湖　本文デザイン・DTP／モリモト印刷株式会社
落丁・乱丁はお取替えします。

ISBN978-4-8283-1105-0